図解でわかる

はじめての
学校法人
会計

公認会計士・税理士
岡部 雅人 著

清文社

はじめに

　学校法人会計に関連して近年いろいろな動きがあります。大臣所轄法人については2020年度から計算書類の一般への開示が求められています。専門学校では職業実践専門課程の認定校に対して計算書類提出を条件に補助金交付を行う自治体がでてきています。また、幼稚園ではさまざまな制度改正により会計処理が複雑になっているなど、学校法人会計を十分に理解して正しい計算書類を作成することはますます重要になっているのです。

　しかし、学校法人の方とお話していて強く感じるのは、学校法人会計がよくわからないとおっしゃる役員や経理関係以外の管理職の方が多いこと、経理業務に携わっている方でも自分が直接担当している業務以外の会計処理はわからないという方が多いことです。

　学校法人会計は企業会計とは考え方が大きく異なっており、知事所轄法人の特例があるほか、さまざまな通知や実務指針等が積み重なっているため、全体を理解するにはそれなりの時間がかかります。

　新しく学校法人会計の実務に携わる人や計算書類をチェックする立場の人が、学校法人会計の基礎的な知識を短時間で簡単に理解することはできないだろうか。そんな問題意識から本書は生まれました。

　本書のもととなったのは一般社団法人日本経営協会の学校法人向けセミナー「初心者のための学校法人会計基礎入門」と「新任事務長のための学校法人会計マスター」の両テキストです。両セミナーは、学校法人の新入職員や経理業務に初めて携わる方、新任管理職として学校法人の計算書類を初めてチェックする立場の人に向けて、学校法人会計の基礎的な知識を身につけてもらおうという意図で現在も開催しています。

ただ、言うは易く行うは難し、です。複式簿記の借方、貸方も初めてという方に長くても10時間程度でどこまで理解していただけるか。複式簿記の基礎から学校会計の科目処理まで理解していただこうと努力したものの、アンケートで「難しい」「初めての言葉が多すぎる」という回答に、何度も何度もテキストや図解を作成し直してきました。

　本書では、他の初心者向けセミナーを含めて今までいただいた質問やアンケート結果を踏まえて、初心者にとって理解しにくい部分もなるべく平易に解説するよう心がけました。また、1項目を見開きで左ページに文章、右ページに図解という形式をとり、見やすくわかりやすい構成としています。さらに、基礎的な論点を中心として記述していますが、もととなっている条文や通知についても注記として示すことで、より詳しく知りたい方はその事項の詳細を確認できるようにしてあります。

　本書が学校法人会計を理解するために少しでもお役に立てれば幸いです。

　なお、文中の意見にわたる部分は、筆者の個人的見解であることを念のため申し添えます。

　最後に、本書のもととなったセミナーを企画し「もっとわかりやすく」「ここが難しすぎる」とテキスト作成とセミナー内容について叱咤激励してくださった日本経営協会東京本部の川島武士氏（当時・企画研修グループ課長。現・群馬県事業室室長）と、執筆の機会を与えてくださった株式会社清文社の皆様に心より厚く御礼申し上げます。

　2020年7月

公認会計士・税理士　岡部　雅人

図解でわかる
はじめての学校法人会計

目 次

第1編　学校法人会計の基本を理解しよう

凡例

私学法……………………私立学校法

私学規……………………私立学校法施行規則

助成法……………………私立学校振興助成法

基準………………………学校法人会計基準

委員会報告………………学校法人委員会報告

実務指針…………………学校法人委員会実務指針

研究報告…………………学校法人委員会研究報告

事業団 QA………日本私立学校振興・共済事業団 私学経営情報センター
　　　　　　　　私学情報室『学校法人の経営に関する実務問答集《改
　　　　　　　　正会計基準対応版》』（平成28年3月）

都私学財団 QA…公益財団法人東京都私学財団『学校法人会計 Q&A
　　　　　　　　（2016年版）』（平成29年3月）

無償化 FAQ ……内閣府 子ども・子育て本部「幼児教育・保育の無償
　　　　　　　　化に関する自治体向けＦＡＱ【2020年3月5日版】」

（注）本書は令和2年7月1日現在の情報をもとに作成されています。

第 1 編

学校法人会計の基本を理解しよう

1-1　私立学校ってなに

　これから学んでいく「学校法人会計基準」（以下、「基準」）は、我が国の私立学校で用いられている会計処理の基準です。ここでいう「学校」とは、幼稚園、小学校、中学校、義務教育学校、高等学校、中等教育学校、特別支援学校、大学（短期大学（以下、「短大」）を含む）及び高等専門学校です。これらは学校教育法第1条に定められているため「1条校」とも呼ばれます。また、子ども・子育て支援新制度（**15-1** 参照）により「幼保連携型認定こども園」も「学校」とされています。

　幼稚園から大学までその設置・運営主体は様々ですが、国が設置する学校を「国立学校」、地方公共団体が設置する学校を「公立学校」、学校法人（**1-2** 参照）が設置する学校を「私立学校」といいます。

●国等の認可が必要な私立学校

　学校法人が「1条校」を設置するには国や都道府県の認可が必要となります。また、「1条校」以外にも我が国の教育制度に位置付けられ、都道府県の認可が必要なものとして専修学校や各種学校（以下、「専修学校等」）があります。

　一方で、例えばテレビの CM で見かける「英会話学校」がありますが、同じ「学校」という言葉を使用していても、「1条校」あるいは専修学校等として運営するのでなければ、上記の認可は不要ですし、基準の適用もありません。

CHECK

★学校▶私学法2条1項▶学校教育法1条、就学前の子どもに関する教育、保育等の総合的な提供の推進に関する法律2条7項　　★私立学校▶私学法2条3項

◆ 我が国の教育制度（学校）のイメージ

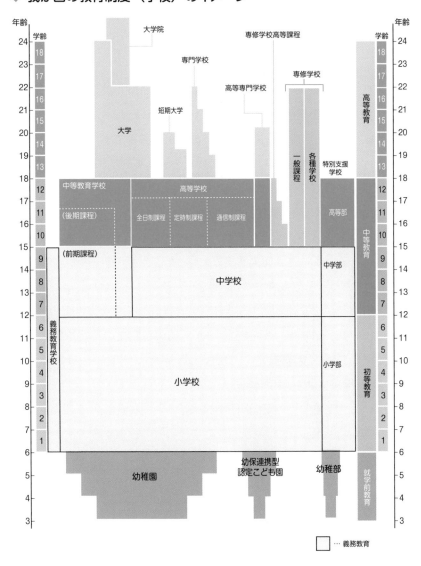

（出典）東京都教育委員会ホームページ「日本の教育制度」をもとに作成

1-2 学校法人って会社となにが違うの

　私立学校を設置するのが「学校法人」ですが、この「学校法人」は国（文部科学大臣）や都道府県（知事）といった「所轄庁」の認可により設立が認められ、また学校の設置も所轄庁の認可が必要です。

　例えば英会話学校を運営する株式会社を設立するのであれば、形式が整えば誰でも設立できますが、「学校法人」の場合は様々な書類を所轄庁に提出して審査を受けなければなりません。

　何人の学生を入学させられるか、そのためにどれだけの校地や校舎が必要か、あるいは先生は何人必要かといったことは所轄庁によって細かく定められており、その条件をクリアしないと認可されません。認可された後も、所轄庁から教育に関する調査や統計作成に必要な報告書の提出を求められます。一方で、認可を受けると各種の税制上の優遇措置や補助金を受けることができます。

●大臣所轄法人と知事所轄法人

　大学（短大を含む）、高等専門学校（以下、「大学等」）を設置する法人は文部科学大臣が、大学等以外の学校のみを設置する法人は都道府県知事が所轄庁となります。それぞれ「大臣所轄（学校）法人」「知事所轄（学校）法人」とも呼ばれます。また、専修学校等は1条校には含まれませんが、専修学校等のみを設置する法人も都道府県知事の認可を必要とし、「学校法人」の名称を用いることができます。条文を準用するため「準学校法人」とも呼ばれます。

CHECK

★学校法人▶私学法3条　　★私立専修学校等への準用▶私学法64条、65条
★所轄庁の区分▶私学法4条

◆ 学校法人と所轄庁の関係

学校法人
私立学校の設置を目的として、私立学校法の定めるところにより設立される法人

所轄庁

校長（学長・園長を含む）は1名以上理事

理事会

監査　選任 ※1　意見　諮問 ※2

監事　　**評議員会**

※1 監事選任には評議員会の同意が必要
※2 寄附行為により決定機関化も可能

学校法人の設立認可指導、監督

大学（短大を含む）、高等専門学校を設置する法人
→文部科学大臣

大学等以外の学校を設置する学校法人
→都道府県知事

私立学校

① 学校教育法1条に規定する学校

② 就学前の子どもに関する教育、保育等の総合的な提供の推進に関する法律2条7項に規定する幼保連携型認定こども園

私立学校の設置認可指導、監督

大学（短大を含む）、高等専門学校
→文部科学大臣

大学等以外の学校
→都道府県知事 ※3

※3 指定都市または中核市の区域内の幼保連携型認定こども園にあっては当該指定都市等の長となります。

1-3　理事会はどんなことをするの

　私立学校はそれぞれ建学の精神に基づいて個性豊かな教育研究活動を行っており、我が国の学校教育において質、量ともに重要な役割を果たしています。だからこそ各種税制の優遇措置や補助金の交付を受けており、国民の要請に応える学校づくりが期待され、運営機関についても法令で細かく定められています。

●法令で細かく定められている運営機関

　まず、学校法人の業務を決定する最終的な意思決定機関である理事会があり、理事会を構成する理事の代表者が理事長です。これら理事の業務や学校法人の財務状況を監査するのが監事です。不正等があった場合、監事には所轄庁等への報告が義務付けられています。理事と監事を役員といいます。また、職員や卒業生、外部有識者等から構成される評議員会は学校法人の業務等につき意見を述べる諮問機関です。

　理事については5人以上必要で、外部理事（選任の際現に当該学校法人の役員または職員でない者）が1人以上含まれなければなりません。また、各役員（理事及び監事）の親族は1人まで（つまり親族は合わせて2人まで）しか役員になれません。身内だけでは運営できないようにして公共性を保持しているわけです。

　さらに理事のうち少なくとも1人は設置する学校の長を含めなければなりません。理事と評議員及び学校法人の職員は兼務できますが、監事については兼務できません。

CHECK
★役員、理事会、役員の職務、役員の選任ほか▶私学法35条～40条の5
★評議員会関係▶私学法41条～44条、46条

◆ 理事会による運営のイメージ

学校法人

理事会

理事長   外部理事

選任・校長、評議員に加え寄附行為の定める
　　　ところにより選任
　　・5名以上で組織
　　・1名以上が外部理事
　　・欠格事由あり

役割・最終的な意思決定機関
　　・学校法人の業務を決定
　　・理事の業務執行を監督

監事

外部監事

選任・評議会の同意により
　　　理事長が選任
　　・2名以上必要
　　・1名以上が外部監事
　　・欠格事由あり
　　・兼業禁止

役割　学校法人の
　　　①業務監査、
　　　②財務状況監査、
　　　③理事の業務執行状況
　　　　の監査

監査 →

↑意見　　↓※諮問　　※ 寄附行為（＊）により決定機関化も可能

評議員会

選任・職員、卒業生に加え寄附行為の定めるところにより選任
　　・理事の定数の2倍超で組織

役割・予算、事業計画、中期的な計画、役員報酬基準、寄附行為の変更等に
　　　ついて理事会の諮問に応える

＊寄附行為とは、学校法人の根本規則たるべきものであって法人の現在及び将来の在り方を規制する
　ものであり、法律に定められた事項（必要的記載事項）のほか、法令の規定に違反しない限り、任
　意的な事項を定めることができるが、寄附行為の変更には一部の届出事項を除き所轄庁の認可が必
　要となる（私学法30条、45条、私学規4条の3）。

1-4　なぜ予算が重要なの

　　学校法人の予算は評議員会の意見を聞いて理事会での決議が必要とされ、予算制度が重要視されていますが、なぜでしょうか。

　　学校法人の収入は、その大半が学生生徒等の納める学費や補助金で占められています。このうち、入学金や授業料等の収入は入学者数や在籍者数と学費の額によって決まります。しかし、入学者数や在籍者数の上限は決まっており、上限を変更するには所轄庁の認可が必要ですが、人数を増やすことは簡単には認められません。また、学費の値上げについても所轄庁への届出が必要ですし、ライバル校に比べてあまりに高い学費だと学生が集まらなくなる恐れもあります。今年は頑張って、定員の倍の学生を集めて収入を大幅に増やそうというわけにはいかないのです。

●簡単に収入は増やせないからしっかり管理

　　また、補助金も簡単に増えるわけではありませんから、学校法人の収入は固定的、制約的なものが中心であり、決まった収入で支出のやりくりをしていかなければなりません。学校法人を長い間続けていけるよう、中長期的な視野に立って計画的な支出を行うために、予算制度が重要となるわけです。また、学校法人は理事の所有物ではなく、理事に対し日常の業務執行を委任しているだけですから、日常業務を行う理事に対しては理事会で承認された予算をもとに、その範囲内で適切な支出を行うことが求められます。なお、補助金を受け取る関係から、学校法人は所轄庁へ予算書を提出することが義務付けられています。

CHECK

★予算及び事業計画の作成義務▶私学法45条の2
★経常費補助を受ける学校法人の収支予算書所轄庁提出義務▶助成法14条2項

◆ 予算書の一例

資金収支予算書

X1年4月1日から
X2年3月31日まで

（単位 円）

収入の部			
科目	本年度予算	前年度予算	増減
学生生徒等納付金収入			
授業料収入			
入学金収入			
実験実習料収入			
施設設備資金収入			
手数料収入			
入学検定料収入			
証明手数料収入			

> 評議員会の意見を聞いて理事会で決定した予算（予算書）に基づいて事業を行います。その結果を決算としてまとめ、予算と決算を対比させた決算書（**1-5** 参照）を作成し、理事会に提出して決算の承認を得るという制度になっています。

支出の部			
科目	本年度予算	前年度予算	増減
人件費支出			
教員人件費支出			
職員人件費支出			
役員報酬支出			
退職金支出			
教育研究経費支出			
消耗品費支出			

決算はいつ行うの

いくら収入や支出があったのか、お金や財産はどのくらい残っているのか、借金はいくらあるのか等を記録し、報告することを「会計」といいます。この会計を行う一定期間のことを「会計年度」といいますが、学校法人の場合、この会計年度は4月1日から3月31日までと決まっています。4月1日を「期首」、3月31日を「期末」、期首から期末の間を「期中」といいます。この4月から3月までの1会計年度（1年間）の記録を整理してまとめることを「決算」といい、会計年度の終わりの日（期末日）を「決算日」ともいいます。

●一つの会計年度の記録を整理したのが「決算書」

決算の報告書類を「決算書」といい、学校法人の場合は「計算書類」と呼んでいます。監事の監査と理事会の承認を得て計算書類は完成します。また、毎会計年度終了後2か月以内に、決算及び事業の実績を評議員会に報告し、その意見を求めなければならないとされています。

私立学校法では、①財産目録、②貸借対照表、③収支計算書、④事業報告書の作成を義務付けています。その作成については、一般に公正妥当と認められる学校法人会計の基準によることとされていますが、具体的には示されていません。経常費補助（**1-6** 参照）を受けている学校法人が所轄庁に提出する②、③は基準で作成するため、また、文部科学省の様式参考例も基準と同様のため、私立学校法における計算書類も基準で作成することが一般的です。

CHECK

★会計年度▶私学法49条　　★計算書類の作成▶私学法47条、私学規4条の4
★経常費補助を受ける学校法人の提出する計算書類▶助成法14条1項

◆ 1会計年度の流れ

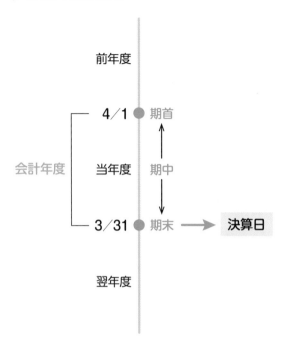

◆ 決算書の例

(単位　円)

収入の部			
科目	予算	決算	差異
学生生徒等納付金収入			
授業料収入			
入学金収入			
実験実習料収入			

1−6　補助金とともに生まれた会計基準

　1−5 で、一般的には、計算書類は基準で作成すると説明しましたが、この基準は昭和 45 年に開始した新たな補助金制度を背景として生まれました。それまで学校法人には研究設備などに対する補助しかありませんでしたが、この新たな制度により、私立大学等について毎年度経常的に支出される経費（人件費や教材費等）に対しても補助すること（経常費補助金）になりました。設備への補助であれば、補助金によって当該設備の購入が適正になされたことを確認すれば済みますが、経常的な経費に補助するのですから、当該補助金を受ける学校法人で日常的に適正な会計処理が行われることが必要であり、適正な会計処理のための統一した基準が必要となったわけです。

●私学助成の前提としての会計基準の誕生

　一方で、基準制定までは学校法人が準拠すべき一般的準則や慣行がありませんでした。学校法人によって会計処理はまちまちであり、また、その処理方法には必ずしも合理的といえないものも見受けられました。

　こうしたことから、学校法人全体の共通ルールの必要性が認識され、「私学助成等の前提としての適正な会計処理のための統一した基準」、「経営の永続性のための財務健全化指標としての基準」として、基準（昭和 46 年文部省令第 18 号）が制定されました。現在は私立学校振興助成法に基づく省令となっており、私学法に規定する貸借対照表等（**5−1** 以下参照）もこの基準で作成することが一般的です。

CHECK

　★文部科学大臣の定める基準▶助成法 14 条 1 項　　　★一般に公正妥当と認められる学校法人会計の基準による計算書類の作成▶私学法 47 条 1 項、私学規 4 条の 4

◆ それまでの補助金

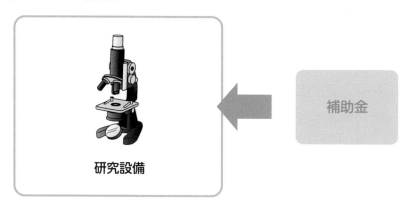

研究設備 ← 補助金

◆ 新たな補助金制度の開始

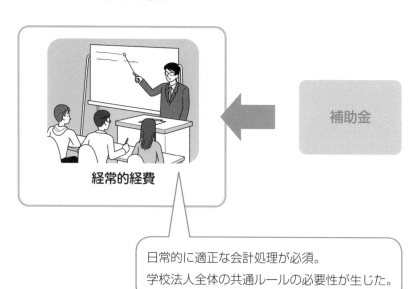

経常的経費 ← 補助金

日常的に適正な会計処理が必須。
学校法人全体の共通ルールの必要性が生じた。

2-1　簿記ってなにをすることなの

●ノートに取引の記録をつける

　簿記（ぼき）とは、ごく簡単に説明すると、「帳簿」と呼ばれるノートにお金や財産に関する取引の記録をつけることです。もちろん、今はノートではなく、パソコンの会計ソフトに記録するのですが。

　例えば、授業料10万円を現金で受け取った場合に、「授業料10万円の収入があったこと」「現金10万円が増加したこと」を帳簿に記録します。一定期間簿記により記録することによって、その期間で①どのくらい収入があったのか、②どのくらい支出があったのか、③現金はどのくらい残っているのか、さらには、④財産はどのくらい残っているのか、⑤どのくらい儲かったのかを把握することができることになります。

●単式簿記と複式簿記

　簿記には大きく言って「単式簿記」と「複式簿記」があります。このうち単式簿記は現金（預金）の増減を記録するものです。現金（預金）がどのような原因でいくら増えたか、減ったか、その取引を記録し、収支計算書を作成します。身近な例としてはお小遣い帳や家計簿があります。

　一方、複式簿記は現金（預金）の増減にとどまらず、財産（プラスの財産である「資産」、マイナスの財産である「負債」、「資産」と「負債」の差額であり、正味の財産である「純資産」）の増減を記録します。「財産」がどのような原因でいくら増えたのか、減ったのか、その取引を記録し、損益計算書と貸借対照表を作成します。そのことによって、財産はどのようにして今どのくらい残っているのか、どのくらい儲かったのかを把握するわけです。

◆ 簿記によっていろいろなことを把握します

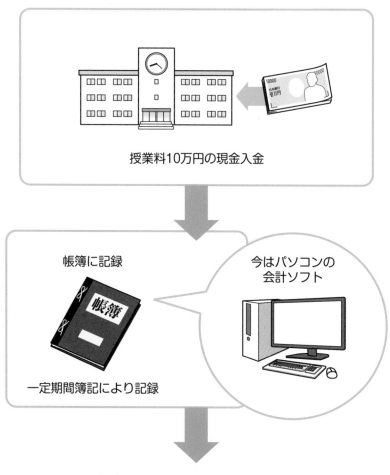

授業料10万円の現金入金

帳簿に記録

今はパソコンの
会計ソフト

一定期間簿記により記録

①どのくらい収入があったのか
②どのくらい支出があったのか
③現金はどのくらい残っているのか
④財産はどのくらい残っているのか
⑤どのくらい儲かったのか
　を把握できるようになる

お小遣い帳と簿記

　単式簿記は、お小遣い帳や家計簿と仕組みは同じです。右ページのお小遣い帳をみてください。日付（月日）、摘要、収入、支出、残高の各欄から構成されていますが、まず摘要欄をみてみましょう。この欄には「×月分お小遣い」とか、「雑誌購入」といったように、お小遣いの残高がどのような理由で増加したのか、減少したのかが記入されています。

●「原因」と「結果」という２つの面から捉える

　つまり、お小遣い帳では「雑誌購入」といった「原因（理由）」が摘要欄に、お金が 500 円出ていったという「結果」が支出欄に記録されていると考えることができます。この「原因」と「結果」という２つの面から捉えるというのが簿記の基本的な考え方です。この単式簿記では、「現金の出入り」を記録しています。そのため、現金が入ってきたらすべて収入欄に記録します。ですから、「弟から借りた」という、いわゆる借金も、現金が入ってきたということで「収入」として認識されます。

　一方、「複式簿記」は「現金の出入り」だけではなく、財産の増減も記録し、その期間でいくら儲かったのかを記録します。ただし、「原因」と「結果」という２つの面から捉えて「帳簿」をつけて日々の動きを記録し管理するという考え方は同じです。単式簿記と複式簿記との大きな違いは、複式簿記では現金が増減しなくても財産が増減する場合には記入するということです。また、複式簿記では、いくら儲かったかを示す損益計算書とともに、財産の状態を示す貸借対照表を作成します。この単式簿記と複式簿記を組み合わせたのが学校法人会計における学校簿記です。

◆ お小遣い帳は単式簿記

＜お小遣い帳の例＞　お金（現金）の動き（増減）を記録する。

	摘要	収入	支出	残高
X月1日	X月分お小遣い	3,000		3,000
2日	雑誌購入		500	2,500
3日	おかし		100	2,400
4日	弟から借りた	1,000		3,400
	ゲームソフト		3,000	400
計		4,000	3,600	400

◆ 単式簿記

◆ 複式簿記

◆ 学校簿記（詳細は 4-1 以降参照）

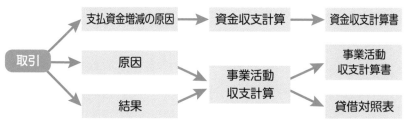

（参考）山口善久監修・渡邊徹著「学校簿記演習　新訂四版」学校経理研究会

簿記上の取引とその種類①

　ここからは複式簿記を前提とした説明です。一般的に校舎の建築契約を結ぶことや、消耗品の発注を行うことを「取引」といいます。しかし、簿記上では契約を結んだ時点では取引とは認識しません。実際に校舎が完成し引き渡しを受けた（あるいは代金を支払った）時点で取引となり、帳簿に記録します。一方で、校舎が火災で焼失しても、ノートパソコンが盗まれても、通常、取引とはいいませんが、簿記上では取引となります。

●取引は5種類に分けられる

　簿記上の取引は、資産、負債、純資産、収益、費用のいずれかを増減させる取引をいいます。まず、資産とは、学校法人が活動を行っていくために持っている土地、建物、構築物、機器備品、車両、図書、現金、預金などです。株式や国債等の有価証券、未納の授業料等の回収を予定している未収入金なども資産に含まれます。

　負債とは、借入金や未払金など将来お金を支払わなければならない義務をいいます。また、前受金のようにお金を受け取って将来一定のサービスを提供する約束も負債となります。他にも教職員の退職時に支払う退職金についてあらかじめ現時点で計算した必要額である退職給与引当金（**17-2** 参照）などもあります。

　純資産とは、学校法人の「正味の財産」であり、資産から負債を控除したものです。これらの3種類は「資産＝負債＋純資産」あるいは「資産－負債＝純資産」の等式が成り立ち、ある一定時点の財産の状態をあらわす「貸借対照表」という決算書にまとめられます。

　なお、右図のように建物、借入金といったその性質ごとに分類した名称を勘定科目といいます。

◆ 貸借対照表における勘定科目の例

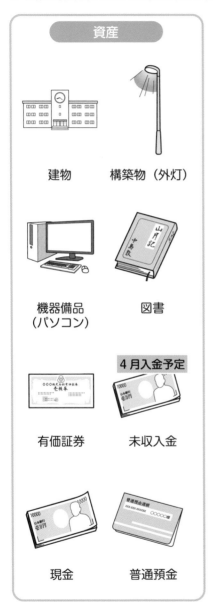

資産

建物　　構築物（外灯）

機器備品
（パソコン）　　図書

有価証券　　4月入金予定 未収入金

現金　　普通預金

負債

借入金

退職給与引当金

4月支払 未払金　　入学金 前受金

純資産

第2章　学校法人会計と簿記

簿記上の取引とその種類②／ 2つの収支計算書

　次に、収益とは、学校法人が活動を行っていくことによって実現した純資産の増加額であり、具体的には授業料等が該当します。費用とは、純資産の減少額であり、学校法人の活動のために使用した経費です。収益と費用がどれだけ発生したかを記録して純資産がどれだけ増加減少したかを明らかにするのが「損益計算書」です。

●純資産の増減を表す事業活動収支計算書

　簿記では、純資産が増えた原因を「収益」、減った原因を「費用」といいます。ただし、学校法人では収益を「収入」、費用を「支出」といっています。本書では、理解のため必要に応じて「収入（収益）」「支出（費用）」を用いて説明します。損益計算書に対応するものを学校法人では「事業活動収支計算書」といい、「収入（収益）」と「支出（費用）」がどれだけ発生したかを記録して、純資産がどれだけ増加減少したかを明らかにします。計算式で表すと「収益－費用＝利益（損失）」であり、差額がプラスなら利益、マイナスなら損失といいますが、学校法人会計では、いずれも「収支差額」といいます。

●現金預金の増減を表す資金収支計算書

　学校法人会計では、現金といつでも引き出すことができる預貯金を「支払資金」と呼びます。いわゆる「現金預金」です。この「支払資金」がどのような理由で増えたのか（収入）、どのような理由で減ったのか（支出）、結果としていくら残ったのかを表すのが、学校法人会計の「資金収支計算書」です。事業活動収支計算書と同様に「収入」「支出」を用いるのですが、2つの計算書の「収入」「支出」は性格が大きく異なります。

◆ 事業活動収支計算書 （損益計算書）

支出（費用）	収入（収益）
収支差額（利益）	

2つの計算書の「収入」「支出」の
性格は大きく異なります。

◆ 資金収支計算書

支出	収入
翌年度繰越支払資金	前年度繰越支払資金

2 – 5　簿記の仕訳とは

●財産増減あるいは収益費用発生がポイント

　簿記上の取引となるかどうかのポイントは、その行為によって具体的に財産が増減するか、収益や費用が発生するかどうかです。簿記ではこれらの取引を「原因（理由）」と「結果」に分けて記録します。この原因と結果に分けて記録する作業を「仕訳」といいます。

　簿記上の取引が発生したとき、まずこの仕訳を行い、それぞれ帳簿の左側と右側に記録します。このうち左側を「借方（かりかた）」、右側を「貸方（かしかた）」といいます。

●現金預金が増えたらどっち？

　資産、費用のグループは増えたら借方に記入します。一方、負債、純資産、収益のグループは、増えたら貸方に記入します。仮に現金預金の入出金が発生する取引であれば、現金預金は資産ですから、現金預金が増えたら現金預金を左側の借方に記入し、その原因を右側の貸方に記入します。逆に現金預金が減った場合には現金預金を右側の貸方に記入し、その原因を左側の借方に記入します。初心者が担当する仕訳の多くは現金預金の増減を伴うことが多いと思われますから、現金預金が増えたら左の借方、減ったら右の貸方と理解しておけば大丈夫です。

　右ページ**例 1** では、入学試験の申し込みがあり、検定料を現金で受け取っています。現金が増えていますので、まず左の借方に現金が記入されるとイメージしてください。そのイメージをもとに、左の借方に現金という資産、右の貸方にはその原因である手数料（入学試験の検定料）という収益を記録しています。

◆ 仕訳のイメージ

<借方>^{かりかた}　　　　　　　　　　<貸方>^{かしかた}

例1：入学試験の申し込みがあり、検定料を現金で受け取る

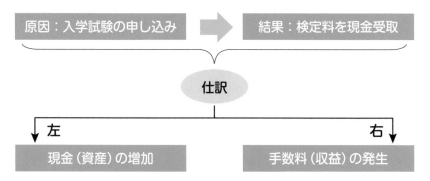

例2：事務用品を購入し、代金を現金で支払う

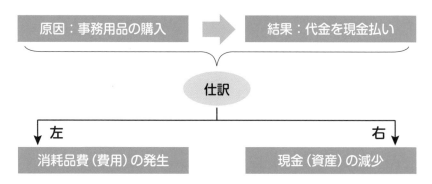

3-1　図解で確認しよう① ―授業料―

　簿記の基本を理解するために、図解を用いて確認していきましょう。右ページの貸借対照表がスタート、期首だと考えてください。資産は、現金と普通預金、貸付金（お金を回収する権利）、機器備品があり、合計額は10,000です。一方、負債は預り金（他人から預かっているお金）だけで、1,000です。資産と負債の差額が純資産ですから10,000 － 1,000 ＝ 9,000です。この状態で、授業料6,000を現金で受け取りました。授業料は学校が授業というサービスを提供する結果として受け取るものですので、純資産が増加する収益であり、結果として資産である現金が増加します。

●取引を分解して仕訳をつくる

　この取引を分解すると、（借方）現金　6,000　／（貸方）授業料6,000という仕訳になります。資産である現金が増加したら左側の借方に記入します。一方、収益が発生した場合は右側の貸方に記入します。仮に収益の取り消しがあれば左側の借方に記入します。

　3-8 で詳しく説明しますが、仕訳は（勘定）科目ごとの記録簿である「総勘定元帳」にいったん集計され、資産、負債、純資産の科目は貸借対照表へ、収益と費用は事業活動収支計算書へとまとめられます。理解のために図解では仕訳の都度、資産、負債、純資産を貸借対照表に加減算し、収支計算書にはその仕訳の収益、費用を示していくことにします。

　まず、授業料という収益6,000が発生し、収支計算書に計上されます。貸借対照表は現金という資産が6,000増加し16,000になっていますが、負債は1,000のままですので、資産16,000 －負債1,000で、純資産は差引15,000です。純資産も元の9,000から6,000増加しています。

◆ 取引と仕訳

スタート時点の貸借対照表

借方			貸方		
資産	現金	1,000	負債	預り金	1,000
	普通預金	1,000			
	貸付金	2,000	純資産		9,000
	教育研究用機器備品	6,000			
合計		10,000	合計		10,000

---

①授業料 6,000 を現金で受け取った

　　取引：授業料 6,000 の現金入金

　　原因と結果：現金 6,000 の増加　／　授業料収入 6,000 の発生

　→（借方）現金 6,000　／　（貸方）授業料 6,000

　　（現金 6,000 の増加　／　授業料 6,000 の発生）

　　　　　資産の増加　　　　　　　　収益の発生

仕訳の内容について取引の種類を示しています。

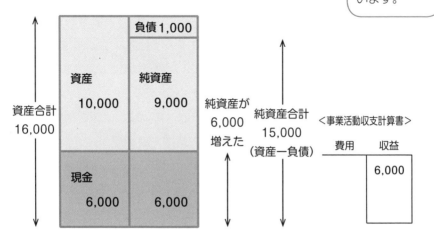

図解で確認しよう②
―機器備品―

　次に、授業で使用するプロジェクター 2,000 を購入し現金で支払った場合をみていきましょう。右ページの図のように、現金という資産のかわりにプロジェクター（機器備品）という資産を受け取り、資産の内容が現金から機器備品に入れ替わっただけですから、機器備品 2,000 の増加と現金 2,000 の減少で、ともに資産科目のため、資産合計額は 16,000 のまま変化しません。

●資産の交換で純資産変動なし

　一方の負債はなにも動いていませんから元の 1,000 のまま変化していません。資産 16,000、負債 1,000 のままですから、純資産も 15,000 のまま変わりません。純資産が増減していないのですから、収益も費用も発生していないともいえます。

　また、仕訳については、資産が増加した場合は左側の借方に、資産が減少した場合は右側の貸方に記入します。この取引では、資産の増加と同時に資産の減少が発生しており、結果として、（借方）教育研究用機器備品　2,000　／（貸方）現金　2,000 という仕訳になっています。

●資産にもいろいろある

　なお、資産である機器備品については、机や椅子、パソコンなど様々なものがありますが、学校法人会計では先の仕訳のように教育研究用と管理用に区分し「教育研究用機器備品」「管理用機器備品」という科目名を用います。そのため、同じパソコンを購入しても、例えば教室で授業に使用する（教育研究用機器備品）のか、それとも経理用のパソコン（管理用機器備品）なのかで使用する科目が異なってきます。

◆ 取引と仕訳

②授業で使用するプロジェクター 2,000 を購入し現金で支払った

取引：プロジェクター 2,000 の現金支払

原因と結果：機器備品 2,000 の増加 ／ 現金 2,000 の減少

→（借方）教育研究用機器備品 2,000 ／ （貸方）現金 2,000

資産の増加 資産の減少

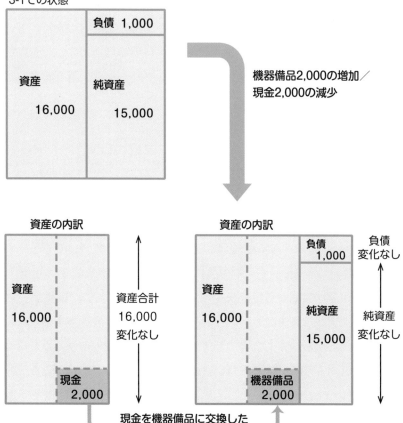

3-1での状態

機器備品2,000の増加／
現金2,000の減少

現金を機器備品に交換した

3−3　図解で確認しよう③ ―借入金―

　次に銀行からお金を借りた場合を考えてみましょう。銀行から借り入れることによって普通預金に 10,000 が入金されます。これだけをみると、資産が 16,000 から 26,000 に増えています。ただし、一方で借入金は将来返済しなければならないものですから負債であり、借入金という負債も同額の 10,000 増えて、負債は 11,000 となっています。資産と負債がそれぞれ 10,000 増えたのですから、純資産の増減はありません。

　なお、仕訳は借方が資産の増加、貸方が負債の増加となっています。負債については、増加したら右側の貸方に、減少したら左側の借方に記入します。

● **将来支払う必要のある「負債」**

　2−3 でも説明しましたが、負債とは将来の支払い義務であり、例えば、銀行や日本私立学校振興・共済事業団等から借りたお金である「借入金」や学校関係者から返済することを前提に集めたお金である「学校債」があります。いずれも返済する必要があります。購入した物品等の代金でまだ払っていない分の「未払金」、教職員から預かっていて納付する必要のある税金等の「預り金」も、納付先に支払う義務がある負債です。

　翌年度入学予定者から受け取った入学金や授業料などの「前受金」は将来金銭を支払う必要はありませんが、入学金は翌年度入学する地位の対価として受け取ったものなので翌年度入学させる義務があり、授業料は授業を提供する義務があり、これらも負債にあたります。また教職員が退職したときに支払う退職金のうち、期末で仮に計算した必要額である「退職給与引当金」（**17−2** 参照）も負債です。

◆ 取引と仕訳

③銀行から運転資金 10,000 を借り入れた

取引：借入金 10,000 の普通預金入金

原因と結果：普通預金 10,000 の増加　／　借入金 10,000 の増加
→（借方）普通預金 10,000　／　（貸方）借入金 10,000

資産の増加　　　　　　　　負債の増加

3-2での状態

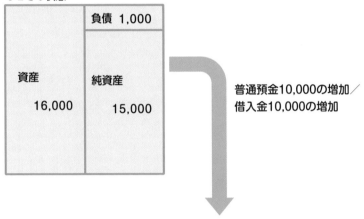

普通預金10,000の増加／
借入金10,000の増加

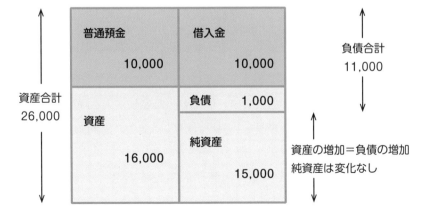

3-4 図解で確認しよう④ ―預り金―

　預り金を普通預金から 1,000 支払ったケースをみてみましょう。普通預金の支払いですから資産 1,000 が減少し、資産は 25,000 になっています。一方で、預かっていたものを返したのですから、負債 1,000 も減少し、負債の残高は 10,000 になっています。資産の減少と負債の減少は同額であり、「資産－負債＝純資産」の計算式が成り立つため、結果として純資産 15,000 に変化はありません。ですから収益も費用も発生していません。

　なお、普通預金が減少していますので、普通預金は貸方（右側）に記入します。そのため、仕訳は借方が負債（預り金）の減少、貸方が資産（普通預金）の減少となっています。

●様々なものがある「預り金」

　また、学校法人の預り金には、**3-3** の負債の説明で紹介した税金以外にもいろいろあります。まず、税金も源泉所得税と住民税があり、私学共済掛金や各種積立金といったものがあります。これらは皆さんも給与明細で目にしたことがあるのではないでしょうか。いずれも皆さんの給与から預かって税務署や市町村等へ納付するものです。

　他にも、学納金と一緒に徴収することも多い生徒会費や PTA 会費なども預り金です。それぞれ生徒会や PTA といった学校法人とは別人格の団体であり、たとえ会費の管理を学校が行っていたとしても学校法人の収益となるわけではありません。

　また、学校法人等の研究機関が管理することを義務付けられている研究者への補助金である科学研究費補助金（**8-5** 参照）も預り金です。

◆ 取引と仕訳

④**預り金 1,000 を普通預金から支払った**

　　取引：預り金 1,000 を普通預金から支払

　　原因と結果：預り金 1,000 の減少　／　普通預金 1,000 の減少

　　→（借方）預り金 1,000　／　（貸方）普通預金 1,000

　　　　　　負債の減少　　　　　　　　　資産の減少

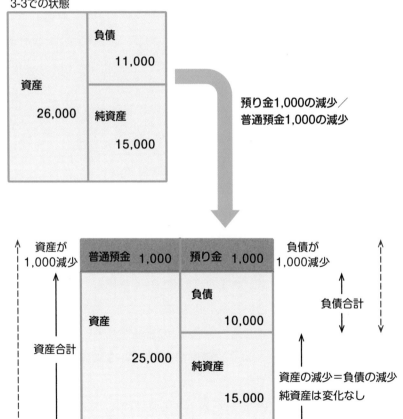

3-3での状態

預り金1,000の減少／
普通預金1,000の減少

資産が
1,000減少

負債が
1,000減少

資産の減少＝負債の減少
純資産は変化なし

3-5　図解で確認しよう⑤ —人件費—

●費用は収益を生み出すためのコスト

　教員に給与 5,000 を普通預金から支払いました。この給与は費用に区分されます。費用とは、収益を生み出すためにかかるコストです。費用が生じたら左側の借方に記入します。また、費用の取り消しは右側の貸方に記入します。ここでは、教員に支払った給与ですので「教員人件費」という科目を用いて借方に 5,000 と記入します。一方、資産である普通預金 5,000 の減少は右側の貸方に記入します。

●費用は純資産の減少をもたらす

　資産である普通預金は 5,000 減少しましたが、他に資産の増減はなく、負債の増減もありませんから、純資産は 5,000 減少しています。このように純資産の減少をもたらすものが費用です。

　なお、費用には、教職員に支払う給与や賞与の他に学校法人が負担する分の私学共済掛金などの「人件費」（9 章参照）、事務用品などの購入代金である「消耗品費」、電気料、水道料、ガス代といった「光熱水費」、交通機関の運賃や出張の費用などの「旅費交通費」、電話料や郵送料といった「通信費」といったものがあります（**10-4** 参照）。

　他にもお金を借りた場合に支払う利息である「借入金利息」（**13-1** 参照）や、固定資産を使用し時の経過により価値が減少した分を表す減価償却費（学校法人会計では「減価償却額」。**17-3** 参照）などがあります。

　また、机等を廃棄処分（除却）した場合の除却損（学校法人会計では「処分差額」。**11-3** 参照）も費用です。

◆ 取引と仕訳

⑤教員に給与 5,000 を普通預金から支払った

取引：教員給与5,000の普通預金支払

原因と結果：給与の支払い 5,000 の発生　／　普通預金 5,000 の減少

→（借方）教員人件費 5,000　／　（貸方）普通預金 5,000

費用の発生　　　　　　　　資産の減少

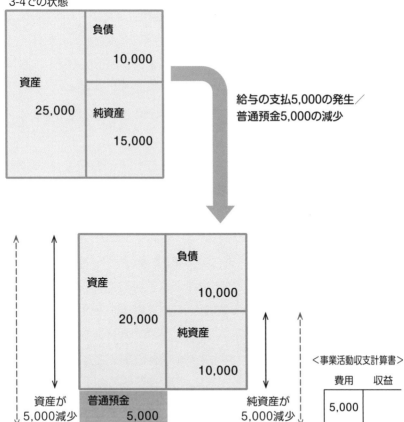

3-4での状態

給与の支払5,000の発生／
普通預金5,000の減少

図解で確認しよう⑥ ―借入金返済―

●借入金返済では純資産変動なし

　銀行に借入金 1,000 を返済しました。借入金を返済したということは、負債がその分だけ減少したということです。負債の減少は左側の借方に記入しますから、（借方）借入金 1,000 となります。一方、返済に伴い普通預金の残高が 1,000 減少しています。普通預金は資産であり、資産の減少ですから右側の貸方に、（貸方）普通預金 1,000 と記入します。

　借り入れたときと貸借は逆ですが、借入金という負債の減少 1,000 ＝普通預金という資産の減少 1,000 ですから、純資産に増減はありません。したがって収益や費用は発生せず、貸借対照表の各科目の残高が変化するだけです。

●収益とは次のようなもの

　借入金による収入や返済は純資産を増減させず、収益にも費用にもなりません。それでは、収益となるものは授業料などの学納金（「学生生徒等納付金」）の他にどんなものがあるでしょう。学校法人の場合は入学検定などの「手数料」のほかに、「寄付金」（**8-1** 参照）や「補助金」（**8-4** 参照）があります。また、学生が利用する食堂などの「補助活動収入」、病院や農場などの附属機関の事業収入（「附属事業収入」）、外部から委託を受けて行う「受託事業収入」があり、本来の教育活動に付随して行うものであることから、この 3 つをまとめて「付随事業収入」といいます。他にも学校の施設貸出しによる利用料収入などがあります。預金利子や株式の配当などの受取利息・配当金、他にも資産を売却したときの「儲け」なども収益となります。

◆ 取引と仕訳

⑥銀行に借入金 1,000 を返済した

取引：借入金 1,000 を普通預金から支払

原因と結果：借入金 1,000 の減少　／　普通預金 1,000 の減少

→（借方）借入金 1,000　／　（貸方）普通預金 1,000

負債の減少　　　　　　　　資産の減少

3-5での状態

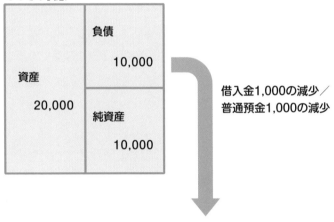

借入金1,000の減少／
普通預金1,000の減少

3-7　図解で確認しよう⑦ ―貸付金―

　次は貸付金 1,000 が現金で回収された場合です。貸付金はお金を貸したことにより発生する、お金を回収する権利であり、資産にあたります。一方、現金もまた資産です。

　ですから、事例の②と現金の増減は逆ですが、資産と資産の交換といえます。貸付金という資産 1,000 は回収することによって、その権利がなくなりましたから資産の減少です。資産の減少ですから右側の貸方に（貸方）貸付金 1,000 と記入します。一方、この取引によって資産である現金 1,000 が増加したのですから、左側の借方に（借方）現金 1,000 と記入します。

●資産の交換で純資産増減なし

　資産の増加と資産の減少がそれぞれ同額ですから純資産の増減はありません。そのため、収益も費用も発生せず、貸借対照表の各科目の残高が変動するだけです。

　これまでみてきたように、ひとつの取引を原因と結果に分解したうえで、資産と支出（費用）が増加した場合は左側の借方に、負債と収入（収益）が増加した場合は右側の貸方に該当する科目名と金額を記入し、仕訳を完成していくことになります。現金や預金の動きがあったときに、現金預金が増えたら現金預金を左に、減ったら現金預金を右に記入すると覚えておけばよいと思います。

　ここまでの図解で借方と貸方はいずれも同じ金額でした。簿記においては、借方と貸方それぞれの合計金額は必ず一致します。このことを「貸借一致の原則」といいます。

◆ 取引と仕訳

⑦貸付金 1,000 を現金で回収した

取引：貸付金 1,000 の現金回収

原因と結果：現金 1,000 の増加　／　貸付金 1,000 の減少

→（借方）現金 1,000　／　（貸方）貸付金 1,000

資産の増加　　　　　　資産の減少

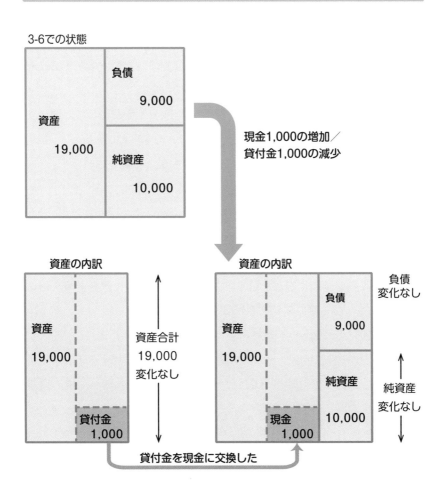

3-6での状態

負債
9,000

資産
19,000

純資産
10,000

現金1,000の増加／
貸付金1,000の減少

資産の内訳

資産
19,000

貸付金
1,000

資産合計
19,000
変化なし

資産の内訳

資産
19,000

現金
1,000

負債
9,000

純資産
10,000

負債
変化なし

純資産
変化なし

貸付金を現金に交換した

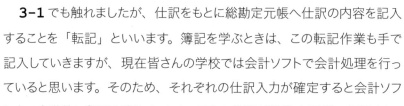

3-8　総勘定元帳への転記

　3-1 でも触れましたが、仕訳をもとに総勘定元帳へ仕訳の内容を記入することを「転記」といいます。簿記を学ぶときは、この転記作業も手で記入していきますが、現在皆さんの学校では会計ソフトで会計処理を行っていると思います。そのため、それぞれの仕訳入力が確定すると会計ソフト上で自動的に転記が行われます。日々の仕訳が総勘定元帳へ転記され、その結果として借方の合計額が借方残高、貸方の合計額が貸方残高として集計されます。

　右ページの現金元帳は、これまでみてきた取引と仕訳のうち、現金が増減した①②⑦の仕訳がそれぞれ転記されています。①の仕訳のように現金が増加して借方に記入したものは、元帳でも借方に転記されます。

●総勘定元帳から試算表への転記

　仕訳の転記や各勘定の借方、貸方の集計等が正しく行われたかどうかを点検するために、簿記では「試算表」を作成します。右ページの「合計残高試算表」は、各科目の借方、貸方のそれぞれの合計額と、各科目の現在の残高を同時に表したものです。なお、試算表には合計欄のみの合計試算表、残高欄のみの残高試算表もあります。

　そしてこの試算表から貸借対照表と事業活動収支計算書を作成していきます。右ページでみると、現金の増減があった取引に関する仕訳が現金元帳へ転記され、借方残高 8,000 が試算表の借方合計欄へ、貸方残高 2,000 が試算表の貸方合計欄へ転記されています。また、借方と貸方を相殺した残高 6,000 が試算表の借方残高欄へ転記（あるいは計算）されています。この転記が各科目すべてについて行われ、試算表が完成します。

◆ 総勘定元帳から試算表への転記

＜総勘定元帳＞

現金

月	日	摘要	伝票番号	借方	貸方	残高
4	1	前期繰越		1,000		1,000
	①	授業料入金	XXX	6,000		7,000
	②	プロジェクター購入	XXX		2,000	5,000
	⑦	貸付金の入金	XXX	1,000		6,000
		計		8,000	2,000	

合計残高試算表

XX年3月31日

借方		勘定科目	貸方	
残高	合計		合計	残高
6,000	8,000	現金	2,000	
4,000	11,000	普通預金	7,000	
1,000	2,000	貸付金	1,000	
8,000	8,000	教育研究用機器備品		
	1,000	預り金	1,000	0
	1,000	借入金	10,000	9,000
		純資産	9,000	9,000
		授業料	6,000	6,000
5,000	5,000	教員人件費		
24,000	36,000		36,000	24,000

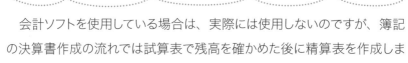

3-9　試算表から精算表へ

　会計ソフトを使用している場合は、実際には使用しないのですが、簿記の決算書作成の流れでは試算表で残高を確かめた後に精算表を作成します。精算表は決算一覧表ともいい、決算書をつくるための手続きをひとつにまとめたものです。

● **作成の手順とポイント**

　作成の手順は次のようになります。ポイントをみておきましょう。

①貸借対照表項目である現金などの科目を記入。

②事業活動収支計算書（企業会計では損益計算書）の科目名を記入。

③決算整理で新たに生じる科目名を記入。ここでは減価償却額を記入しています。減価償却額は **17-3** で説明します。

④決算整理前の残高試算表の数値を記入。現金などの資産、人件費などの費用は借方残高のはずですから借方に、預り金などの負債や授業料などの収益は貸方残高のはずですから貸方に記入します。もし資産なのに貸方残高なら内容を確認する必要があります。

⑤決算整理仕訳を記入。ここでは教育研究用機器備品に対する減価償却額の仕訳が記入されています。

⑥事業活動収支計算書項目について試算表の金額に修正記入の金額を反映（プラスマイナス）させた残高を記入。

⑦貸借対照表項目について試算表の金額に修正記入の金額を反映（プラスマイナス）させた残高を記入。

⑧事業活動収支計算書の貸借差額及び貸借対照表の貸借差額を収支差額として記入。

◆ 精算表の作成

精算表

	勘定科目	④試算表		⑤決算整理仕訳		⑥事業活動収支計算書		⑦貸借対照表	
		借方	貸方	借方	貸方	借方	貸方	借方	貸方
①	現金	6,000						6,000	
	普通預金	4,000						4,000	
	貸付金	1,000						1,000	
	教育研究用機器備品	8,000			800			7,200	
	預り金		0						
	借入金		9,000						9,000
	純資産		9,000						9,000
②	授業料		6,000				6,000		
	教員人件費	5,000				5,000			
③	減価償却額			800		800			
⑧	収支差額					200			200
	合計	24,000	24,000	800	800	6,000	6,000	18,200	18,200

3-10 できあがった決算書

●精算表から決算書へ

　できあがった決算書をみてみましょう。**3-9**の精算表⑦欄の資産科目の借方残高が、貸借対照表の資産の部の科目に計上されています。また、精算表の負債科目の貸方残高が貸借対照表の負債の部の科目に計上されています。さらに純資産については期首の純資産9,000に当年度の収支差額（企業で言うと当期利益）200が加算された9,200が計上されています。

　また、貸借対照表ですが、借方である資産の合計と、貸方の負債と純資産の合計は必ず一致しています。

　事業活動収支計算書をみてみると、**3-9**の精算表⑥欄の収益科目の貸方残高が収入（収益）の部の科目に計上（転記）されています。また、精算表の費用科目の借方残高が支出（費用）の部の科目に計上されています。さらに収入（収益）と支出（費用）の差額が収支差額（利益）として計上されています。「収入（収益）＝支出（費用）＋収支差額（利益）」という関係です。

　なお、収入（収益）と支出（費用）は、1年間に発生した額の集計値ですから、翌年度はゼロからのスタートです。一方、資産、負債、純資産は、期末の残高が翌年度の期首残高になります。決算処理後、「当年度の仕訳はこれ以上ありませんよ」と示す手続きを「帳簿の締め切り」といいます。手書き帳簿の場合は手続きも大変ですが、会計ソフトの場合は、「次年度繰越処理」という内容の選択ボタンで自動的に帳簿締め切りが行われます。また、追加修正があった場合もソフトですので再度選択ボタンを押せば済みます。

◆ できあがった決算書のイメージ

貸借対照表

借方			貸方		
資産	現金	6,000	負債	借入金	9,000
	普通預金	4,000			
	貸付金	1,000	純資産		9,200
	教育研究用機器備品	7,200			
合計		18,200	合計		18,200

事業活動収支計算書

借方			貸方		
支出（費用）	教員人件費	5,000	収入（収益）	授業料	6,000
	減価償却額	800			
支出（費用）合計		5,800			
収支差額（利益）		200			
合計		6,000	収入（収益）合計		6,000

3-11　会計ソフトと簿記の流れ

●手書きから会計ソフト入力へ

　簿記による処理は、かつては手書きで行われていましたが、今はほとんどの学校法人で会計ソフトを利用して行われています。そのため、簿記一巡の手続とよばれるものも、会計ソフトでは転記の作業がなくなりますから、右ページの日々の「仕訳」と「決算整理仕訳」だけを正確に漏れなく入力すれば、正しい決算書ができあがることになります。

●取引パターンで入力も可能

　右ページの会計ソフトの入力画面例は架空のものですが、日付、部門（コード）、科目（コード）、金額、消費税区分、摘要（どのような取引によるものかの概要）等を記入します。会計ソフトによって設定等はさまざまですが、この場合でいえば、例えば「授業料現金入金」のような定型的な取引パターンを選択し、呼び出した画面に部門や金額を入力（あるいは選択）し、必要に応じて摘要を追加入力するというような省力化・簡便化が図られています。

　また、授業料の返金などまれにしか発生しない取引でも、必要に応じてその仕訳パターンを登録することも可能です。

　そのため、簿記の知識がなくとも取引のパターンさえ覚えれば、少なくとも現金預金の増減を伴う単純な仕訳については、入力可能だといえます。ただし、正しく入力されているかどうかなどをチェックするためには、やはり簿記の知識があったほうが、より早く正確にチェックできると思います。また、少し複雑な取引や、現金預金の増減を伴わない取引については簿記の知識が必要な場合も多いと考えられます。

◆ 簿記一巡の手続

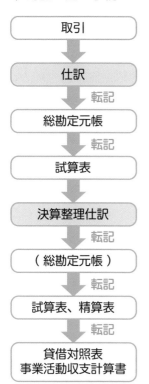

```
取引
  ↓
仕訳
  ↓ 転記
総勘定元帳
  ↓ 転記
試算表
  ↓
決算整理仕訳
  ↓ 転記
（総勘定元帳）
  ↓ 転記
試算表、精算表
  ↓ 転記
貸借対照表
事業活動収支計算書
```

◆ 会計ソフトの入力画面例

月日	借方			貸方			摘要1
部門	科目コード	科目名	金額	科目コード	科目名	金額	摘要2
5月15日	0XXX	現金	50,000	5XXX	学生生徒等納付金収入	50,000	XX引落不足分
高校			対象外	51XX	授業料収入	非課税売上	

図解で確認しよう
——支払資金が増えたら常に「収入」

　学校法人会計では、ひとつの資金取引を資金収支計算（以下、「資金収支」）と事業活動収支計算（以下、「事業活動収支」）の二面から捉えて仕訳し、事業活動収支計算書のほかに資金収支計算書も作成します。

　資金収支では、当年度の諸活動に対応する収入と支出を、支払資金（現金及びいつでも引き出すことができる預貯金）の増減として記録します。授業料の現金入金は支払資金（現金）の増加であり、授業料収入という科目で処理します。消耗品費の現金支払いは支払資金（現金）の減少であり、消耗品費支出という科目で処理します。

　事業活動収支では「授業料」という事業活動収支の収入科目を貸方に、「現金」という資産科目を借方に仕訳することによって処理します。

●実務上の仕訳

　学校法人会計では、資金収支においても〇〇収入、〇〇支出という科目名と複式簿記である事業活動収支の借方・貸方の区分を利用して、右ページのように「（借方）現金（貸方）授業料収入」という資金収支の仕訳も行います。ただし、2つの仕訳を行うことは大変ですから、日常的には支払資金の増減に合わせて仕訳入力を行うこともあり、資金収支の仕訳を会計ソフトに入力することにより事業活動収支の仕訳が自動処理され、勘定記入もされる仕組みになっています。支払資金の増減がない場合は事業活動収支のみを入力します。

　ソフトによっては事業活動収支の科目で仕訳を行うタイプや、仕訳を資金収支で行うか事業活動収支で行うかを選択できるタイプもあります。

◆ 資金収支と事業活動収支の仕訳

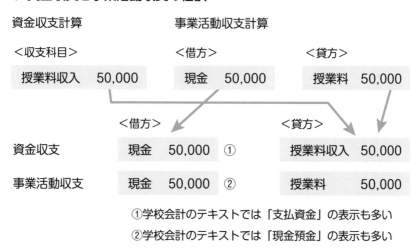

資金収支計算　　　　　　　　事業活動収支計算

<収支科目>　　　　　　<借方>　　　　　　　　　<貸方>

授業料収入　50,000　　　現金　50,000　　　　授業料　50,000

<借方>　　　　　　　<貸方>

資金収支　　　　現金　50,000　①　　　授業料収入　50,000

事業活動収支　　現金　50,000　②　　　授業料　　　50,000

①学校会計のテキストでは「支払資金」の表示も多い
②学校会計のテキストでは「現金預金」の表示も多い

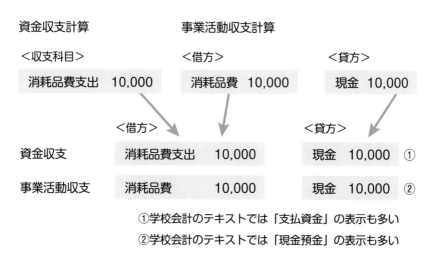

資金収支計算　　　　　　　　事業活動収支計算

<収支科目>　　　　　　<借方>　　　　　　　　　<貸方>

消耗品費支出　10,000　　消耗品費　10,000　　　現金　10,000

<借方>　　　　　　　<貸方>

資金収支　　　　消耗品費支出　10,000　　　現金　10,000　①

事業活動収支　　消耗品費　　　10,000　　　現金　10,000　②

①学校会計のテキストでは「支払資金」の表示も多い
②学校会計のテキストでは「現金預金」の表示も多い

（参考）山口善久監修・渡邊徹著「学校簿記演習　新訂四版」学校経理研究会

資金収支と事業活動収支の違い① ―授業料―

●仕訳は同じようにみえるけど

　資金収支と事業活動収支の相違点を第3章の取引を元にみていきましょう。なお、資金収支では「資金収支計算書」を作成します。

　授業料6,000を現金で受け取ったという取引ですが、仕訳だけみるとどちらも借方が現金6,000であり、貸方も授業料6,000と授業料収入6,000で同じような仕訳です。

　ただし、資金収支では、受け取った授業料が当年度の活動に対応する収入であるとともに、右ページの図でわかるように、支払資金（現金及びいつでも引き出すことができる預貯金）が2,000から8,000へ6,000増加しています。資金収支上はこの支払資金6,000の増加が収入に該当するということもできます。資金収支においては、支払資金を増加させる取引はすべて収入として認識されるということを理解してください。

●収入の考え方は異なる

　一方、事業活動収支ではどうでしょう。資産である現金が6,000増加していますが負債は変動がなく、純資産を増加させる取引であることから、この授業料6,000は収入（収益）に該当することになります。

　事業活動収支においては、仮に、現金預金が増えたとしても、かわりに負債が同額増えるなどで純資産が増加しないのであれば、収入（収益）になるわけではない、と第3章で説明しました。あくまでも純資産を増加させる取引が事業活動収支における収入（収益）であって、資金収支と事業活動収支では収入計上の考え方が異なることを理解してください。

◆ 仕訳例

①授業料 6,000 を現金で受け取った

取引：授業料 6,000 の現金入金

原因と結果：現金 6,000 の増加 ／ 授業料収入 6,000 の発生

	（借方）		（貸方）	
資金収支	現金	6,000	授業料収入	6,000
事業活動収支	現金	6,000	授業料	6,000

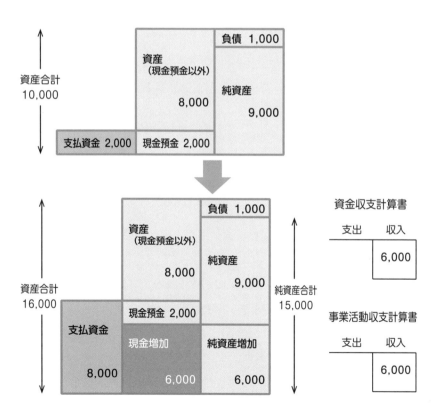

資金収支と事業活動収支の違い② ―機器備品―

●資産の交換で純資産変動なし

次に、授業で使用するプロジェクター 2,000 を購入し現金で支払った場合をみていきましょう。

右ページ図のように現金という資産のかわりにプロジェクター（機器備品）という資産を受け取っています。現金から機器備品に資産の内容が入れ替わっただけですから、事業活動収支では資産合計額は変化せず、純資産も変動していませんでした。単に貸借対照表の資産の部の科目（現金と機器備品。ここでは授業用ということで教育研究用機器備品）の残高が同額増減するだけで、事業活動収支計算書の支出（費用）にはなにも計上されません。

●支払資金の増減としてみた場合

機器備品の取得は当年度の活動ですが、支払資金（現金預金）の増減としてみた場合はどうでしょうか。右ページの図でわかるように、支払資金である現金は機器備品を購入するための支払いにより 2,000 減少しています。資金収支はいわばお小遣い帳と一緒で、支払資金（現金預金）が入ってきたらそれはすべて収入であり、出ていったらすべて支出ととらえます。この場合も支払資金である現金が 2,000 出ていく、つまり減少する取引ですから支出に該当します。資金収支計算書では「支出の部」に「教育研究用機器備品支出」という科目で計上されます。

事業活動収支では単なる資産どうしの交換にすぎないけれど、支払資金（現金預金）の増減という点に着目してみると、支払資金（現金預金）は減っているから、資金収支では支出に該当するということになるのです。

◆ 仕訳例

> **②授業で使用するプロジェクター 2,000 を購入し現金で支払った**
>
> 取引：プロジェクター 2,000 の現金支払
>
> 原因と結果：機器備品 2,000 の増加　／　現金 2,000 の減少
>
> | | （借方） | （貸方） |
> |---|---|---|
> | 資金収支 | 教育研究用機器備品支出 2,000 | 現金　　2,000 |
> | 事業活動収支 | 教育研究用機器備品　2,000 | 現金　　2,000 |

4-2での状態

第4章　資金収支と事業活動収支の違い

資金収支と事業活動収支の違い③ —借入金—

●資産と負債が同額増加しただけ

次に銀行からお金を借り入れた場合を考えてみましょう。

事業活動収支においては、借入金という負債が 10,000 発生し、負債は 1,000 から 11,000 へ増加しています。この負債の発生、増加に合わせて普通預金という資産が借入金と同額の 10,000 増加し、資産は 16,000 から 26,000 へと増加しています。

しかし、資産と負債がそれぞれ 10,000 増加しただけですから、純資産の増減はありませんでした。純資産の増減をともなわないことから収入（収益）も支出（費用）も発生なしということでした。

●借り入れた分だけ支払資金は増加

一方、資金収支においては、支払資金の増減に注目しています。右ページの図でわかるように、支払資金である普通預金をみると、借り入れた額 10,000 だけ増加し、支払資金は 6,000 から 16,000 へと増加しています。支払資金が増加したのですから、この取引は資金収支では収入に該当します。支払資金が増加した理由が借入金による収入ということで、「借入金収入」という科目を用いて、「（借方）普通預金 10,000 　（貸方）借入金収入 10,000」という仕訳を記入します。

結果として資金収支計算書においては収入の部に「借入金収入」という科目で 10,000 計上されることになります。

こうして、事業活動収支計算書には計上されない（貸借対照表の負債の増加として計上される）取引が、資金収支計算書では収入として計上されることになるわけです。

◆ 仕訳例

③銀行から運転資金 10,000 を借り入れた

取引：借入金 10,000 の普通預金入金

原因と結果：普通預金 10,000 の増加　／　借入金 10,000 の増加

	（借方）	（貸方）
資金収支	普通預金　　　10,000	借入金収入　　10,000
事業活動収支	普通預金　　　10,000	借入金　　　　10,000

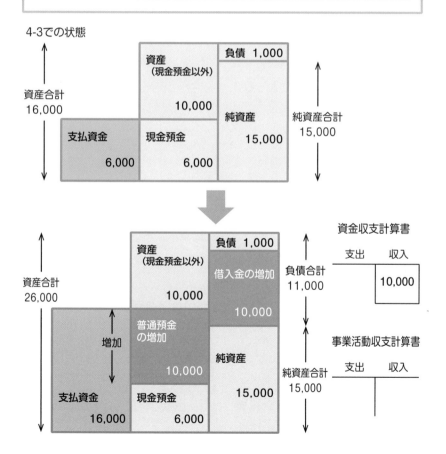

資金収支と事業活動収支の違い④ —預り金—

●純資産は変動していない

預り金を普通預金から 1,000 支払ったケースをみてみましょう。

事業活動収支でみると、普通預金の支払いですから普通預金という資産が 1,000 減少し、資産の残高は 25,000 になっています。

一方で、預かっていたものを返したのですから、預り金という負債が 1,000 減少し、負債の残高は 10,000 になっています。資産の減少 1,000 と負債の減少 1,000 は同額ですから、結果として純資産の残高 15,000 に変化はありません。ですから収入（収益）も支出（費用）も発生していません。そのかわり貸借対照表の各科目（現金預金と預り金）の残高が変動しているわけです。

●支払資金は減少している

一方、資金収支では、支払資金（現金預金）の増減に注目します。確かに純資産は増減なしですが、右ページの図でわかるように支払資金 16,000 は普通預金から 1,000 支払った額だけ減少し 15,000 となっており、資金収支では支出に該当します。支払資金が減少した理由が預り金の支払いだというのですから「預り金支払支出」という科目を用いて、「（借方）預り金支払支出 1,000　（貸方）普通預金 1,000」という仕訳を記入します。

資金収支計算書では支出の部に「預り金支払支出」という科目名で計上することになります。

こうして、事業活動収支計算書には計上されない取引が資金収支計算書では支出として計上されることになるわけです。

◆ 仕訳例

④預り金 1,000 を普通預金から支払った

取引：預り金 1,000 を普通預金から支払

原因と結果：預り金 1,000 の減少 ／ 普通預金 1,000 の減少

	（借方）		（貸方）	
資金収支	預り金支払支出	1,000	普通預金	1,000
事業活動収支	預り金	1,000	普通預金	1,000

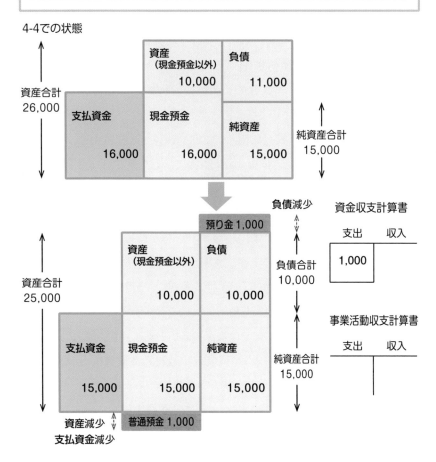

資金収支と事業活動収支の違い⑤ ―人件費―

●同じ支出が計上されているけれど

続いて教員に給与を支払った場合をみてみましょう。

右ページの図をみると、仕訳も「人件費」の末尾に「支出」がくっついているかどうかが異なるだけで同じ仕訳ですし、資金収支計算書も事業活動収支計算書もいずれも支出の部に同額の 5,000 が計上されています。ただし、計上されている考え方は少し異なります。

●純資産が減少したから支出

まず、事業活動収支計算書ですが、教員への給与支払い 5,000 は、学校法人の活動を行っていくために必要な教員人件費という費用の発生であり、普通預金という資産の減少 5,000 をもたらして結果として純資産 5,000 を減少させました。純資産が減少しているため支出（費用）として計上されているわけです。

●支払資金が減少したから支出

一方、資金収支計算書では、教員への給与 5,000 の支払いが当年度の活動に対応する支出であるという意味とともに、教員への給与支払いにより普通預金という支払資金 5,000 が減少している点についても着目します。右ページの図で支払資金が減少しているのがわかります。

支払資金の減少は資金収支では支出であり、支払資金が減少した理由は教員人件費の支出ということで「（借方）教員人件費支出 5,000　（貸方）普通預金 5,000」という仕訳を記入します。

結果として資金収支計算書の支出の部に「教員人件費支出」が計上されているわけです。

◆ 仕訳例

⑤教員に給与 5,000 を普通預金から支払った

取引：教員給与 5,000 の普通預金支払

原因と結果：教員給与 5,000 の増加 ／ 普通預金 5,000 の減少

	（借方）		（貸方）	
資金収支	教員人件費支出	5,000	普通預金	5,000
事業活動収支	教員人件費	5,000	普通預金	5,000

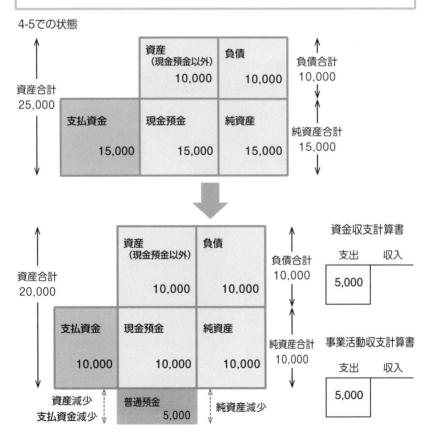

4-5での状態

資金収支と事業活動収支の違い⑥ ―借入金返済―

●返済しても純資産は変わらない

　銀行に借入金を返済した場合をみていきましょう。

　事業活動収支では、借り入れたときと逆で、借入金の残高は返済により 10,000 から 9,000 へと 1,000 減少しています。一方で現金預金も 10,000 から 9,000 へと 1,000 減少しています。借入金という負債の減少 1,000 イコール普通預金（現金預金）という資産の減少 1,000 ですから、純資産に増減はありませんでした。

　そのため、事業活動収支計算書においては収入（収益）や支出（費用）は発生せず、貸借対照表の各科目（現金預金と借入金）の残高が減少するだけでした。

●返済により支払資金は減少

　一方、資金収支では借入金を普通預金から返済することにより、支払資金は 10,000 から 9,000 へと残高が 1,000 減少しています。この借入金の返済は当年度の活動に対応する支出であり、支払資金を減少させる取引は資金収支においては支出として認識されます。支払資金の減少理由が借入金の返済による支出だということで、「借入金返済支出」の科目を用いて、「（借方）借入金返済支出 1,000　（貸方）普通預金 1,000」の仕訳を記入します。

　結果として、資金収支計算書では支出の部へ「借入金返済支出」の科目で計上されます。

　負債の減少に伴う支払資金の減少という意味では **4-5** の預り金支払支出と同じような内容です。

◆ 仕訳例

⑥銀行に借入金 1,000 を返済した

取引：借入金 1,000 を普通預金から支払

原因と結果：借入金 1,000 の減少　／　預金 1,000 の減少

	（借方）		（貸方）	
資金収支	借入金返済支出	1,000	普通預金	1,000
事業活動収支	借入金	1,000	普通預金	1,000

4-6での状態

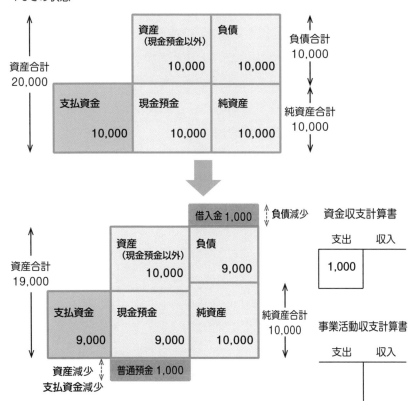

4-8 資金収支と事業活動収支の違い⑦ ―貸付金―

●貸付金回収で純資産は増加しない

　次は貸付金 1,000 が現金で回収された場合です。貸付金はお金を貸したことにより発生する貸したお金を回収する権利であり資産にあたります。一方、現金もまた資産です。期首に 2,000 あった貸付金という資産は、1,000 回収することによって残高は 1,000 に減少しています。

　一方、この取引によって資産である現金 1,000 が増加し、結果として普通預金と合わせた現金預金の残高は 9,000 から 10,000 へ増加しています。資産の増加と資産の減少がそれぞれ同額ですから純資産の増減はなく、事業活動収支計算書において収益も費用も発生せず、貸借対照表の資産科目の残高（現金預金と貸付金）が変動するだけでした。

●貸付金回収で支払資金が増加

　一方、資金収支においては、貸付金が回収されることで現金 1,000 が増加しています。現金は支払資金であり、普通預金と合わせた支払資金は 9,000 から 10,000 へ増加しており、その収入 1,000 が貸付金の回収による収入ということで、「貸付金回収収入」の科目を用いて、「（借方）現金 1,000 （貸方）貸付金回収収入 1,000」という仕訳が記入されることになります。

　結果として資金収支計算書には収入の部へ「貸付金回収収入」という科目で 1,000 が計上されることになります。

　貸付金と同じようにお金を回収するという仕訳になるものに、学校法人が一時的に立替えた「立替金」の回収、金額等が明確になっていない場合に概算額で支払った「仮払金」の精算があります（**14-2** 参照）。

◆ 仕訳例

⑦貸付金 1,000 を現金で回収した

取引：貸付金 1,000 の現金回収

原因と結果：現金 1,000 の増加　／　貸付金 1,000 の減少

	（借方）		（貸方）	
資金収支	現金	1,000	貸付金回収収入	1,000
事業活動収支	現金	1,000	貸付金	1,000

4-7での状態

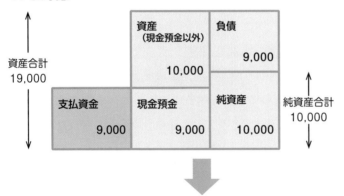

61

できあがった決算書を
比べてみよう

できあがった事業活動収支計算書と資金収支計算書を比べてみましょう。

まず、収入は事業活動収支計算書が 6,000 に対し、資金収支計算書は 17,000 です。事業活動収支計算書にも計上されている授業料（収入）については同じですが、資金収支計算書には、借入金収入と貸付金回収収入という純資産の変動を伴わない収入が計上されているわけです。事業活動収支では、これら借入金や貸付金は貸借対照表の残高の増減として表示されています。

●資金収支は支払資金の増減を記録

支出についてはどうでしょうか。事業活動収支計算書が 5,800 に対し、資金収支計算書は 9,000 です。人件費（支出）は同じですが、資金収支計算書には、機器備品支出と借入金返済支出及び預り金支払支出という純資産の変動を伴わない支出が計上されているわけです。事業活動収支では、これらは貸借対照表の残高の増減として表示されています。

3-1 の開始時点の貸借対照表に比べて機器備品は 6,000 ⇒ 8,000（**3-2**）⇒ 7,200（**3-9**）と変化し、貸付金は 2,000 から 1,000（**3-7**）に減少し、借入金は 0 ⇒ 10,000（**3-3**）⇒ 9,000（**3-6**）と変化し、預り金は 1,000 から 0（**3-4**）になっています。また、事業活動収支では減価償却額も計上されています。

このように事業活動収支計算と資金収支計算は科目名等が似通っていても計算があらわしていることは異なるのです。事業活動収支計算では学校法人の現金預金を含む財産の増減を記録するのに対し、資金収支計算はあくまでも支払資金の増減を記録しているのです。

◆ できあがった決算書のイメージ

貸借対照表

	借方			貸方	
資産	現金	6,000	負債	借入金	9,000
	普通預金	4,000			
	貸付金	1,000	純資産		9,200
	教育研究用機器備品	7,200			
合計		18,200	合計		18,200

事業活動収支計算書

	借方			貸方	
支出（費用）	教員人件費	5,000	収入（収益）	授業料	6,000
	減価償却額	800			
支出（費用）合計		5,800			
収支差額（利益）		200			
合計		6,000	収入（収益）合計		6,000

資金収支計算書

	借方			貸方	
支出	教員人件費支出	5,000	収入	授業料収入	6,000
	教育研究用機器備品支出	2,000		借入金収入	10,000
	借入金返済支出	1,000		貸付金回収収入	1,000
	預り金支払支出	1,000			
（支出計）		9,000	（収入計）		17,000
翌年度繰越支払資金		10,000	前年度繰越支払資金		2,000
合計		19,000	合計		19,000

5-1　いろいろとある計算書類の内容

　計算書類は所轄庁提出時には基準の様式の順番に従って①資金収支計算書、②事業活動収支計算書、③貸借対照表の順で綴じることになっています。経常費補助（**1-6** 参照）を受けている場合は、公認会計士または監査法人の監査報告書を添付して6月末までに提出します。

●部門ごとの内訳表も作成します

　資金収支計算書には部門区分（法人本部や設置校ごとに区分します。なお、大学については学部、短大は学科、高校は課程ごとの区分です）の内訳表として、資金収支内訳表、人件費支出内訳表があります。大臣所轄法人（**1-2** 参照）は活動区分資金収支計算書（資金収支を①教育活動、②施設設備の活動、③その他の活動に区分）も作成します。事業活動収支計算書には部門区分（資金収支と異なり大学、短大、高校は学部等で区分しません）の事業活動収支内訳表があります。一方、貸借対照表には①固定資産明細表、②借入金明細表、③基本金明細表があります。さらに基本金明細表には、第2号基本金の組入計画表、第3号基本金の組入計画表があります。これらが計算書類と呼ばれるものです。

　なお、計算書類とともに財産目録、事業報告書を作成し、5月末日までに備え置かなければなりません。大臣所轄法人の場合、閲覧の請求があった場合計算書類等の開示が必須です。知事所轄法人の場合、請求できるのは利害関係者に限られています。

CHECK▶

★資金収支内訳表▶基準第二号様式、人件費支出内訳表▶基準第三号様式、活動区分資金収支計算書▶基準第四号様式、事業活動収支内訳表▶基準第六号様式

◆ 計算書類の一覧

資金収支計算書

- ・資金収支内訳表
- ・人件費支出内訳表
- ・活動区分資金収支計算書

事業活動収支計算書

- ・事業活動収支内訳表

貸借対照表

- ・固定資産明細表
- ・借入金明細表
- ・基本金明細表 ……
  - 第2号基本金の組入れに係る計画集計表
  - 第2号基本金の組入れに係る計画表
  - 第3号基本金の組入れに係る計画集計表
  - 第3号基本金の組入れに係る計画表

◆ 計算書類の作成スケジュール

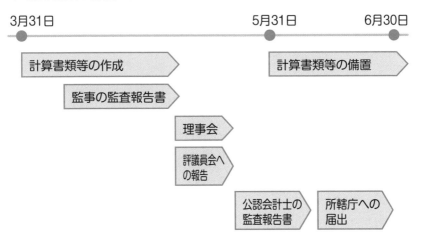

3月31日　　　　　　　　　　　　5月31日　　　6月30日

- 計算書類等の作成
- 計算書類等の備置
- 監事の監査報告書
- 理事会
- 評議員会への報告
- 公認会計士の監査報告書
- 所轄庁への届出

5-2　学校法人の科目名

　まず、計算書類で使用される科目について確認しましょう。基準では、計算書類に記載する科目（記載科目）を別表で例示しており、学生生徒等納付金収入といった大科目（貸借対照表は中科目も）については追加も省略もできませんが、小科目は適切な科目を追加したり、細分したりすることができます。なお、「現金預金」という小科目がありますが、日常の仕訳は「現金」「普通預金（××銀行〇〇支店△△口座）」のような勘定科目あるいは勘定科目の内訳項目である補助科目で処理し、貸借対照表では「現金預金」という記載科目にまとめて計上するという形になります。

●支出科目は形態分類で処理

　また、支出科目については、例えば、水道料の支払いであれば「光熱水費支出」とするように、支出を取引の対象に注目して整理し、科目の内容を科目名から客観的に判断しうる分類方法である「形態分類」によることが原則です。消耗品の購入は「消耗品費支出」、手数料の支払いは「支払手数料支出」といったところです。

　なお、金額が僅少な場合は学校法人の活動を目的または機能の面から分類する目的分類及び機能分類も可とされています。例えば会議費支出や渉外費支出が該当します。

　資金収支計算書では、科目名の末尾に「収入」「支出」がつきます。

　知事所轄法人の場合は、都道府県独自の科目処理を指定している場合がありますので、通知等に注意してください。また、基準では支出科目についての小科目の例示が少ないことから、大臣所轄でも東京都の通知（**10-4**参照）等を科目の参考にしている学校法人も多いようです。

◆ 科目例

	資金収支計算書	事業活動収支計算書	貸借対照表
大科目	学生生徒等納付金収入	学生生徒等納付金	固定資産
中科目	指定なし	指定なし	有形固定資産
小科目	授業料収入	授業料	土地

◆ 科目の区分

	資金収支計算書	事業活動収支計算書	貸借対照表
大科目	追加・省略不可	追加・省略不可	追加・省略不可
中科目	追加可	追加可	追加・省略不可
小科目	追加・細分化可	追加・細分化可	追加・細分化可

小科目は計上すべき金額がない場合は省略

◆ 形態分類の例

内容	資金収支	事業活動収支
水道料の支払い	光熱水費支出	光熱水費
消耗品の購入	消耗品費支出	消耗品費
手数料の支払い	支払手数料支出	支払手数料

5-3　貸借対照表ってなに

　ある一定時点の財産の状態をあらわす決算書が「貸借対照表」で、円単位で記載します。「資産」「負債」「純資産」に区分されます。

　資産とは、土地、建物、機器備品、車両、現金、預金などが代表的なものですが、他にも施設利用権やソフトウェアや前払金、未収入金など目に見える形はないけれど、長期間にわたって利用できるものや将来利用できるもの、お金に交換されるものも資産です。

　このうち、長期にわたり保有、運用するものを「固定資産」、期末日から 1 年以内に現金化することができるものを「流動資産」と区分します。また、固定資産はさらに「有形固定資産」（**6-4 ～ 6-6** 参照）「特定資産」（**12-1** 参照）「その他の固定資産」に区分されます。

●資産、負債、純資産

　負債とは、借入金や未払金など将来お金を支払わなければならない義務をいいます。また、前受金のようにお金を受け取って将来一定のサービスを提供する約束も負債となります。このうち期末日から 1 年後より後に支払うものやサービスを提供する対象を「固定負債」、1 年以内に支払うものやサービスを提供する対象を「流動負債」といいます。なお、資産は固定資産から、負債は固定負債から先に記載します。

　純資産とは、学校法人の基本財産を基礎として計算された「基本金」（第18 章参照）やこれまで蓄積されてきた収入と支出の差額である「繰越収支差額」によって構成されており、資産と負債の差額に相当します。

CHECK

★貸借対照表 ▶基準第 4 章、別表第三、第七号様式

◆ 貸借対照表のイメージ

固定資産 **大科目**	固定負債 **大科目**
有形固定資産 **中科目**	長期借入金 **小科目**
土地	学校債
建物 **小科目**	長期未払金
構築物	退職給与引当金
教育研究用機器備品	
管理用機器備品	
図書	
車両	**流動負債**
建設仮勘定	短期借入金
特定資産	1年以内償還予定学校債
第2号基本金引当特定資産	手形債務
第3号基本金引当特定資産	未払金
（何）引当特定資産	前受金
その他の固定資産	預り金
借地権	
電話加入権	
施設利用権	
ソフトウェア	**負債の部合計**
有価証券	**基本金**
収益事業元入金	第1号基本金
長期貸付金	第2号基本金
流動資産 **小科目**	第3号基本金
現金預金	第4号基本金
未収入金	
貯蔵品	**繰越収支差額**
短期貸付金	翌年度繰越収支差額
有価証券	**純資産の部合計**
資産の部合計	**負債及び純資産の部合計**

> 実際の貸借対照表は本年度末、前年度末、増減の欄に分かれています。ここでは理解のために左の借方に資産を、右の貸方に負債と純資産を表示しています。

5-4　事業活動収支計算書の区分表示

　事業活動収支計算書とは、「収入（収益）」と「支出（費用）」がどれだけ発生したかを記録して、純資産がどれだけ増減したかを明らかにする決算書だといえます。こちらも円単位で記載します。

●3区分に分けられる

　事業活動収支計算書は①教育活動収支、②教育活動外収支、③特別収支の3つに区分されます。区分ごとに収入と支出が計上され、区分ごとに収支差額を表示します。また、①②を合わせた収支差額を経常収支差額といいます。区分については、まず②③に該当する収支を判定、区分し、②③以外はすべて①とします。

　②の教育活動外収支には、資金運用による受取利息配当金や借入金等の利息、あるいは収益事業（**12-2** 参照）に係る収入を計上します。

　③の特別収支については、「特殊な要因によって一時的に発生した臨時的な事業活動収入及び事業活動支出」とされており、「資産売却差額」「資産処分差額」（**11-2**、**11-3** 参照）などが該当します。その他の特別収支は右ページの図の科目と **14-3** 図解を参照してください。

　右ページの図では、理解のため右の貸方に収入（収益）、左の借方に支出（費用）を表示していますが、実際の事業活動収支計算書は予算、決算、差異の欄に分かれています。各区分ごとに、収入、支出の順に科目表示します。特別収支より下の欄には基本金（第 18 章参照）の処理等を記載します。

> **CHECK**
> ★事業活動収支計算書 ▶ 基準第3章、別表第二、第五号様式
> ★特別収支 ▶ 25 高私参第 8 号通知　Ⅰ 3（3）

◆ 事業活動収支計算書のイメージ

	支出（費用）	収入（収益）	
教育活動収支	人件費	学生生徒等納付金	大科目
		手数料	
	教育研究経費	寄付金	
		経常費等補助金	
	管理経費	付随事業収入	小科目
		補助活動収入	
	徴収不能額等	附属事業収入	
		受託事業収入	
		雑収入	
	教育活動支出計	教育活動収入計	
	教育活動収支差額		
教育活動外収支	借入金等利息	受取利息・配当金	
	その他の教育活動外支出	その他の教育活動外収入	
		収益事業収入	
	教育活動外支出計	教育活動外収入計	
	教育活動外収支差額		
	経常収支差額		
特別収支	資産処分差額	資産売却差額	
	その他の特別支出	その他の特別収入	小科目
	災害損失	施設設備寄付金	
	過年度修正額	現物寄付	
		施設設備補助金	
		過年度修正額	
	特別支出計	特別収入計	
	特別収支差額		

〔予備費〕
基本金組入前当年度収支差額
基本金組入額合計
当年度収支差額
前年度繰越収支差額
基本金取崩額
翌年度繰越収支差額

（参考）

事業活動収入計
事業活動支出計

> 実際の事業活動収支計算書は予算、決算、差異の欄に分かれています。ここでは理解のために右の貸方に収入（収益）、左の借方に支出（費用）を表示しています。

資金収支計算書と事業活動収支計算書の違い①

　資金収支計算書は、①当該会計年度の諸活動に対応するすべての収支の内容、②当該会計年度における支払資金の収支の顛末を明らかにする計算書とされています。右ページ図　資金収支計算書の構造　にあるように支払資金の収支と資金収支調整勘定（第 16 章参照）、繰越支払資金から成り立っています。

●事業活動の収入、支出とは異なる

　当年度の活動に対応した収入である学納金や寄付金、補助金といったものはほぼ事業活動収支の「収入」と同じなのですが、若干異なる部分があります。まず、特別寄付金収入または補助金収入のうち、施設設備のための寄付または補助金は、事業活動収支では特別収支の区分に計上されます。また、事業活動収支では金銭ではない現物寄付があります（第 8 章参照）。資金収支の資産売却収入は、事業活動収支では簿価との差額だけが特別収支の区分に計上されます（**11-2**、**11-3** 参照）。

　（大）付随事業・収益事業収入には 4 つの小科目が例示されていますが、事業活動収支では収益事業収入だけ教育活動外収支の区分に計上されます。資金収支で（大）雑収入に計上される過年度修正収入は特別収支です。資金収支の収入の部で借入金等収入以下の科目は、支払資金を増加させるため資金収支では収入として表示されますが、純資産の増加を伴わないため事業活動収支では収入計上されません。

CHECK

　★資金収支計算書▶基準第 2 章、別表第一、第一号様式

◆ 資金収支計算書の構造

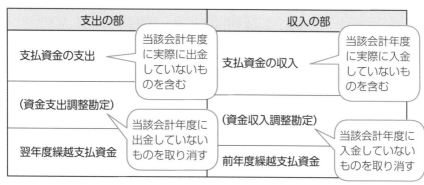

支出の部	収入の部
支払資金の支出 ← 当該会計年度に実際に出金していないものを含む	支払資金の収入 ← 当該会計年度に実際に入金していないものを含む
(資金支出調整勘定)	(資金収入調整勘定)
翌年度繰越支払資金 ← 当該会計年度に出金していないものを取り消す	前年度繰越支払資金 ← 当該会計年度に入金していないものを取り消す

◆ 資金収支計算書と事業活動収支計算書の違い

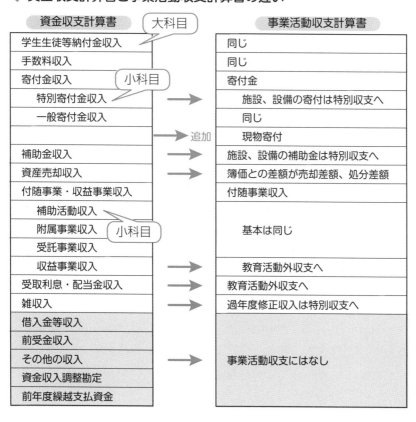

資金収支計算書	事業活動収支計算書
学生生徒等納付金収入 【大科目】	同じ
手数料収入	同じ
寄付金収入 【小科目】	寄付金
特別寄付金収入 →	施設、設備の寄付は特別収支へ
一般寄付金収入	同じ
→ 追加	現物寄付
補助金収入 →	施設、設備の補助金は特別収支へ
資産売却収入 →	簿価との差額が売却差額、処分差額
付随事業・収益事業収入	付随事業収入
補助活動収入	
附属事業収入 【小科目】	基本は同じ
受託事業収入	
収益事業収入 →	教育活動外収支へ
受取利息・配当金収入 →	教育活動外収支へ
雑収入 →	過年度修正収入は特別収支へ
借入金等収入	
前受金収入	
その他の収入 →	事業活動収支にはなし
資金収入調整勘定	
前年度繰越支払資金	

資金収支計算書と事業活動収支計算書の違い②

　支出についても同様です。まず、人件費（支出）をみてみましょう。ここでは、大きく異なるのは支払資金が減少しない退職給与引当金繰入額（**17-2** 参照）が資金収支にはないことです。

　教育研究経費（支出）、管理経費（支出）でも、やはり大きく異なるのは支払資金が減少しない減価償却額が事業活動収支では計上されることです。また、管理経費支出で計上される過年度修正支出について、事業活動収支では「（大）管理経費」ではなく、特別収支の区分で「（大）その他の特別支出」に計上されます。

●事業活動収支にのみ計上される支出も

　続いて資金収支にはなく事業活動収支にのみあるのが「（大）徴収不能額等」です。ここには小科目が2つあります。まず、授業料等の未収入金が徴収不能となる恐れがある場合にその恐れがある額を引当金として計上して未収入金から減額するための「徴収不能引当金繰入額」です。次に、徴収不能が発生した場合にあらかじめ引当計上していた額を上回る額を処理する「徴収不能額」です。ここまでが事業活動収支においては教育活動収支の区分です。借入金等利息は事業活動収支における教育活動外収支の区分に計上されます。

　資金収支の借入金等返済支出以下の科目については、事業活動収支においては計上されません。資金収支においては支払資金が減少するものはすべて支出ですが、事業活動収支においては純資産を減少させるものが支出であって、借入金の返済等は貸借対照表の各科目の残高を増減させるにすぎないからです。

◆ 資金収支計算書と事業活動収支計算書の違い

資金収支計算書		事業活動収支計算書
人件費支出		人件費
教員人件費支出		教員人件費
職員人件費支出		職員人件費
役員報酬支出		役員報酬
	➡ 追加	退職給与引当金繰入額
退職金支出		退職金
教育研究経費支出		教育研究経費
	➡ 追加	減価償却額
管理経費支出	➡	過年度修正支出は特別収支
	➡ 追加	減価償却額
	➡ 追加	徴収不能額等
	➡ 追加	徴収不能引当金繰入額
	➡ 追加	徴収不能額
借入金等利息支出		借入金等利息
借入金等返済支出		
施設関係支出		
設備関係支出		
資産運用支出	➡	事業活動収支にはなし
その他の支出		
資金支出調整勘定		
翌年度繰越支払資金		

（注）資金収支計算書は収入の部と支出の部の2つに分かれ、事業活動収支計算書のような
　　　「収支」区分はありません。

6-1 これだけは守らなくちゃいけない

　学校法人は、右ページの表に掲げる原則によって、会計処理を行い、計算書類を作成しなければならないとされています。

　このうち、①真実性の原則は、会計が目的としている根本的な概念を規定しているもので、最上位の原則になります。

　次に②複式簿記の原則は、企業会計では「正規の簿記の原則」とされていますが、それまで単式簿記処理の学校法人もあったため、複式簿記によることを明確にするためにこのような表現が用いられています。

●基準に定めがない場合の定めもあります

　③明瞭性の原則については、会計帳簿に記録された取引を計算書類に反映させ、その計算書類の利用者の判断を誤らせないようにする原則ですが、学校法人の理事者の善良な管理者としての注意義務に主眼を置いているとされています。

　④継続性の原則とは、会計処理や計算書類の表示方法にいくつかの選択肢がある場合に、ひとつの方法を選択したらみだりに変更しないということです。前年度との比較可能性を担保しています。

　⑤総額表示は、③明瞭性の原則の具体的な内容のひとつです。

　このほかに基準1条2項では、基準に定めがない場合の取扱いを定めています。「一般に公正妥当と認められる学校法人会計の原則」については、文部科学省の通知や公認会計士協会の実務指針等が該当すると考えられます。

CHECK

★①～④▶基準2条　★⑤▶基準5条
★その他の原則▶基準1条2項

◆ 学校法人会計基準の原則

原則名	内容
①真実性の原則	財政及び経営の状況について真実な内容を表示すること。
②複式簿記の原則	すべての取引について、複式簿記の原則によって、正確な会計帳簿を作成すること。
③明瞭性の原則	財政及び経営の状況を正確に判断することができるように必要な会計事実を明りょうに表示すること。
④継続性の原則	採用する会計処理の原則及び手続並びに計算書類の表示方法については、毎会計年度継続して適用し、みだりにこれを変更しないこと。
⑤総額表示	計算書類に記載する金額は、総額をもって表示するものとする。ただし、預り金に係る収入と支出その他経過的な収入と支出及び食堂に係る収入と支出その他教育活動に付随する活動に係る収入と支出については、純額をもって表示することができる。
（その他）	学校法人は、この省令に定めのない事項については、一般に公正妥当と認められる学校法人会計の原則に従い、会計処理を行ない、計算書類を作成しなければならない。

6-2　知事所轄法人の特例①

　大学（短大を含む）及び高等専門学校を設置する法人を大臣所轄法人といい、高等学校以下の学校のみを設置する法人を知事所轄法人といいます。知事所轄法人については、比較的規模が小さく、事務組織等も整っていない場合があることから、大臣所轄法人と同様の会計処理を要求することは実情に即さない場合があると考えられます。そのため、基準と文部科学省の通知で会計処理や計算書類様式について簡略化しうる限度が示されています。

●各都道府県による通知の有無に注意

　右ページの表は、その内容です。ただし、あくまでも「できる」規定ですから、所轄庁（各都道府県）において別段の指示がある場合には、その指示が優先されます。例えば、右ページの表の経費や機器備品の例外処理について、東京都では「学校法人会計基準の処理標準（記載科目）の改正等について（通知）」において、①経費や、②機器備品の会計処理について原則処理を指導しています。また、秋田県のように様式において⑦活動区分資金収支計算書を提出書類としている県もあります。

　ですから知事所轄法人においては、ご自分の学校法人の所轄庁の指示にはどのようなものがあるかを常に確認し、対処する必要があります。

CHECK

★①～②▶都道府県知事所轄学校法人における学校法人会計基準の実施について（報告）
★③～⑤▶「小規模法人における会計処理等の簡略化について（報告）」について（通知）
★⑥▶都道府県知事を所轄庁とする学校法人における学校法人会計基準の運用について（通知）
★⑦▶基準 37 条

◆ 都道府県知事所轄の学校法人の会計処理の特例

項目	原則	特例
①経費支出	「教育研究経費支出」と「管理経費支出」に区分	両者を区分せずに「経費支出」として一括表示することができる。
②機器備品支出	「教育研究用機器備品支出」と「管理用機器備品支出」に区分	両者を区分せずに「機器備品支出」として一括表示することができる。
③日常取引	支払資金を伴わない取引も発生の都度処理	支払資金の収入・支出を中心に会計処理を行い、事業活動収支計算に関する会計処理は、主として会計年度末にその整理を行う。
④一定の契約に基づいて継続的に受ける用役に対する支出（電気、ガス、水道、電話、保険料の料金）の処理	会計年度末において前払金や未払金の計上	会計年度末における前払金や未払金の計上を省略し、当該用役に対する支払資金の支出をした会計年度の事業活動支出として処理することができる。一定の規約に基づいて継続的に受ける収入（受取利息等）も同様。
⑤販売用品	会計年度末の在庫の資産計上処理	販売用文房具、制服等の購入支出については、当該物品を購入した会計年度の事業活動支出として処理することができる。ただし、会計年度末において当該物品の有高が多額である場合には、当該有高を事業活動支出とすることなく流動資産として貸借対照表に計上処理しなければならない。
⑥内訳表 （5-1参照）	資金収支内訳表、人件費支出内訳表及び事業活動収支内訳表の適切な区分での作成	単数の学校（各種学校を含み、2以上の課程を置く高等学校を除く）のみを設置する学校法人は、資金収支内訳表、事業活動収支内訳表について作成を省略できる。人件費支出内訳表については区分を省略できる。
⑦活動区分資金収支計算書 （5-1参照）	作成	作成しないことができる。

6-3　知事所轄法人の特例②

　6-2で示したものは、知事所轄法人共通の特例でした。一方で高等学校を設置しない知事所轄法人についてはさらに特例が設けられています。右ページの表のように、①退職給与引当金、②徴収不能引当金（授業料等の未収入金が回収不能となる可能性が高い場合の引当金）、③第4号基本金、④基本金明細表について繰入れや組入れ、作成を省略できます。

●幼稚園のみの特例も

　また、幼稚園のみを設置する学校法人については、形態分類（**5-2**参照）によらない小科目設定の特例があります。

　ただし、これらについても所轄庁（各都道府県）の指示の有無を確認する必要があります。東京都は現在の基準改正適用前までは基本金明細表の作成を指示していましたが、基準改正適用後は「高等学校を設置しない法人は、基本金明細表（第十号様式）の作成を要しない。」としました。ただし、従来から作成している法人については引き続き作成するよう指導しています。

　また、特例があっても原則処理をしているのであれば、継続性の原則から考えて特段の理由がなければ従来の原則処理をしている会計処理を継続すべきと考えられます。

CHECK

★①〜④▶都道府県知事所轄学校法人における学校法人会計基準の実施について（報告）
★②▶基準38条　　★③▶基準39条　　★④▶基準37条
★幼稚園のみを設置する学校法人の特例
　　▶「小規模法人における会計処理等の簡略化について（報告）」について（通知）

◆ 高等学校を設置しない知事所轄法人の特例

項目	原則	特例
①退職給与引当金 （17-2参照）	期末要支給額に基づく引当金の計算繰入	引当をせず退職金支出時に支出処理できる。
②徴収不能引当金 （5-6参照）	金銭債権については、徴収不能のおそれがある場合には、当該徴収不能の見込額を徴収不能引当金に繰り入れる	徴収不能の見込額を徴収不能引当金に繰り入れないことができる。
③第4号基本金 （18-7参照）	恒常的に保持すべき資金として別に文部科学大臣の定める額を組入れ	全部または一部を基本金に組み入れないことができる。
④基本金明細表 （18-5参照）	作成	作成を省略することができる。（この場合、固定資産の取得の年度にその取得価額の全額を基本金へ組み入れるものとすること。）

◆ 幼稚園のみを設置する学校法人の特例

項目	原則	特例
運動会、学芸会等日常の教育活動の一環としての諸行事に係る経費並びに保育研修、楽器指導講習会等教職員の資質向上のための研修会、講習会等への参加に係る経費	形態分類	形態分類によらない小科目を設定することができる。ただし、これらの小科目の金額が多額となる場合は、その小科目の内訳を形態分類により表示することが適当である。

固定資産になる、ならないの判断

　資産のうち、期末日から1年を超えて使用する有形のものを「有形固定資産」といいます。

　ただ、1年を超えて使用するからといって、皆さんの学校では数千円で購入した電卓を固定資産に計上しているでしょうか。あまりに低額のものまで固定資産に計上すると、会計処理が大変ですし、現物の管理にも手間がかかります。そのため、計上基準額を定めて基準額以上のものを固定資産とし、金額的に重要性がないものはたとえ1年を超えて使用するものでも経費として処理することが認められています。

●計上基準額は法人が決める

　この計上基準額は、各学校法人の規模や実情に応じて設定することになっており、基準額が5万円の法人も50万円の法人もあります。

　なお、知事所轄法人の場合は、東京都のように機器備品に計上する基準として、「耐用年数が1年以上であり、かつ1個または1組の価額が一定金額以上のもの。（100,000円を超えない金額で学校法人が定める。）」と指示している場合がありますので、注意が必要です。

●少額重要資産は基準額未満でも計上

　ただし、たとえ基準額未満であっても「少額重要資産」に該当する場合は、固定資産に計上する必要があります。

　少額重要資産とは、机、椅子、ロッカー等の学校法人の性質上基本的に重要なもので、その目的遂行上常時相当多額に保有していることが必要な資産です。どういったものを少額重要資産とするか、経理規程にその内容を具体的に規定しておくことが望ましいと考えられます。

◆ 有形固定資産とは

貸借対照表日後 1 年を超えて使用される資産をいいます。耐用年数が 1 年未満になっているものであっても使用中のものを含みます。（基準別表第三）

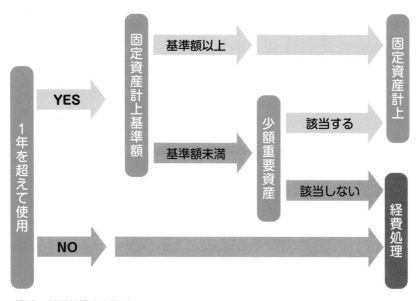

（図書、建設仮勘定を除く）

◆ 少額重要資産とは

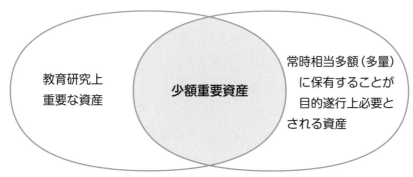

（昭和 49 年 2 月 14 日文管振第 62 号「基本金設定の対象となる資産および基本金の組入れについて（報告）」について（通知）より）

有形固定資産の取得価額とは

有形固定資産の仕訳入力するときの金額を取得価額といいます。この場合の金額は購入時のその資産の対価に付随費用（当該資産を使用可能にするために必要な費用）をプラスした額です。付随費用には、引取運賃、荷役費、運送保険料、購入手数料、関税などその資産の購入のために要した費用が含まれます。ただし、図書だけは対価のみが取得価額になります（**6-6**参照）。

学校法人の場合は、同窓会等から固定資産の寄付を受ける場合があります。通常の販売されている価額と比べて著しく低い価額で取得した資産や贈与された資産は、その評価を「取得又は贈与の時における当該資産の取得のために通常要する価額」（基準 25 条但書）、つまり時価によるとされています。

●付随費用は様々なものがある

付随費用については、例えば土地の場合は仲介手数料の他に、土地とともに取得した建物の取壊し費用や当初から予測された場合の発掘費用が含まれます。また、建物についても、建築確認費用や地鎮祭、上棟式の費用は含まれるが、竣工式の費用は含まれないなど、様々な取扱いがあります。また、車両ではリサイクル料金について車両の取得価額と別に処理する必要もあります。会計士協会の研究報告 20 号や事業団の実務問答集の他、法人税の基本通達の取り扱い等を参考に判断していきます。

CHECK
★固定資産の取得価額 ▶法人税基本通達第 7 章第 3 節第 1 款

◆ 有形固定資産の取得価額

土地一仲介手数料、
建物一建築確認費用、地鎮祭、上棟式

関税 etc
購入手数料
運送保険料
荷役費
引取運賃
購入代金または時価

取得価額

（仕訳例）実験装置1,000を取得し、引取運賃10、据付費用10、
試運転費30とともに普通預金から支払った。

	（借方）	（貸方）
資金収支	設備関係支出 　教育研究用機器備品支出　1,050	普通預金　1,050
事業活動収支	教育研究用機器備品　1,050	普通預金　1,050

★資産計上されるのは購入代金の1,000だけではありません。

6-6 図書は資産です

●金額が多い少ないでは区分しない

学校法人会計では、長期間にわたって保存、使用することが予定される図書は取得価額の多寡にかかわらず固定資産に属する図書として扱います。たとえ 1 冊 500 円の文庫本であっても、図書館の貸出用のように長期間保存、使用するのであれば、固定資産の図書とします。

資産計上した図書の減価償却（**17-3** 参照）は原則として不要です。除却（使用を中止し処分すること）の際は当該図書の取得価額相当額で事業活動収支に支出（費用）計上します。

●使用期間が短期間なら経費処理

一方、学習用図書、事務用図書等は取得時の経費処理ができます。これらの通常その使用期間が短期間であることが予定される図書については、「出版物費支出」等で処理します。図書の取得価額は、原則として取得に要する経費を含まないとされ、大量購入等による値引額及び現金割引額は「雑収入」として処理することができます。

また、事業活動支出として処理した雑誌等を合冊製本して長期間にわたって、保存、使用する図書とする場合、その合冊製本に要した経費をもって、当該図書の取得価額とすることができます。さらにDVD、コンテンツ、データファイル等、図書と類似の役割を有する諸資料は利用の態様に従い、図書に準じて会計処理を行うことになっています。

CHECK

★図書 ▶「図書の会計処理について（報告）」について（通知）（雑管第 115 号、昭和 47 年 11 月 14 日）
★出版物費と図書の区分 ▶ 研究報告 20 号「固定資産に関する Q&A」

◆ 図書の取扱い

図書館で長期保存、
利用する図書

 図書として資産計上

教室で利用する
学習用図書

 経費処理できる

（仕訳例）図書館で貸し出し用の図書を購入し、代金500を現金で支払った。

	（借方）		（貸方）	
資金収支	設備関係支出 　図書支出	500	現金	500
事業活動収支	図書	500	現金	500

第**2**編

学校法人会計の仕訳処理

7-1　授業料を受け取ったら

　授業料を受け取った場合の、期中の仕訳自体は簡単です。預金口座へ振り込まれたり窓口で現金を受け取ったりするわけですから、借方に現金や預金、貸方に「（大）学生生徒等納付金収入」「（小）授業料収入」を計上すれば済みます。実務上はむしろ、預金口座や学部学科等を正しく記載（会計ソフト上で選択）することが大切です。

●学生生徒等納付金の小科目

　学生生徒等納付金収入とは、学生、生徒、児童、園児に対する教育活動（サービス）の対価として受け取るものです。「在学を条件とし、又は入学の条件として、所定の額を義務的かつ一律に納付すべき」ものと定義されています。あくまでも学則等（必ず学則に記載されていることを要件としている所轄庁もあります）に納付金として記載されたものが対象となります。

　基準で例示されている小科目は右ページの表のとおりですが、私学助成の幼稚園では授業料収入のかわりに「保育料収入」を、入学金収入のかわりに「入園料収入」を用いたりもします。そのほかにも「教材費収入」「冷暖房費収入」等実態に応じて小科目を設定します。仕訳自体は「（大）学生生徒等納付金収入」でそれぞれ該当する小科目を入力していくことになります。

　なお、専修学校では、入学案内、修了証書などで、当該教育が正規の専修学校教育以外の附帯教育である旨を明示し、専修学校がその教員施設設備等により、正規教育以外の教育を週 2 日以上で 1 か月以上継続して行う場合の「附帯教育収入」という小科目もあります。

◆ 学生生徒等納付金収入の小科目

（大）学生生徒等納付金（収入）	在学を条件とし、または入学の条件として、所定の額を義務的かつ一律に納付すべきもの。教育サービスの対価。
授業料（収入）	聴講料、補講料等を含む。私学助成の幼稚園では「保育料収入」も使用。
入学金（収入）	入学の地位の対価。私学助成の幼稚園では「入園料収入」も使用。
実験実習料（収入）	実験、実習の費用として徴収する収入をいう。教員資格その他の資格を取得するための実習料を含む。
施設設備資金（収入）	施設拡充費その他施設・設備の拡充等のための資金として徴収する収入をいう。

（注）本書において、上記のような科目表では基準の記載科目について基準の別表及び東京都の処理標準などを参考に科目の内容を紹介しています。なお、資金収支科目名「授業料収入」、事業収支科目名「授業料」と、末尾の「収入」「支出」だけが異なる場合は、「授業料（収入）」と、「事業活動収支科目名（収入）」の形式で表示しています。（）を外すと資金収支科目名となります。

（仕訳例）学生から授業料 10,000 が普通預金に振り込まれた。

	（借方）	（貸方）
資金収支	普通預金　10,000	授業料収入　　10,000
事業活動収支	普通預金　10,000	授業料　　　　10,000

7 - 2　入学金を受け取ったら

　入学金は翌年度入学予定者について入学手続時に納付するのが一般的ですが、入学年度において計上すべき収入とされ、入学前は前受金（事前に受け取ったお金）とされていることから、資金収支では「（大）前受金収入（小）入学金前受金収入」で処理します。授業料を一緒に受け取っていれば同様に「（小）授業料前受金収入」です。事業活動収支では、貸借対照表の負債として「前受金」で処理します。

●入学辞退者の取り扱い

　入学金については、その性格が入学の地位の対価とされ、入学辞退の場合も返還する義務はないことが最高裁判例で確定しています。一方、3月31日までに意思表示した入学辞退者には入学金以外の授業料等は返還しなければなりません。

　ただ、入学辞退があった場合、この返還しない入学金はどうすればよいのでしょうか。決算時点では他の入学予定者と合わせて「前受金（収入）」のまま処理し、翌年度において「入学金収入」に振り替えればよいとされています。一方、辞退者について授業料を返金する場合はどうなるのでしょうか。前受金は翌年度において学校法人に帰属する収入となるものですが、期末日までに返還することが確定しているのであれば、それはもはや前受金ではありません。返還するまで預かっているお金ということになりますから、「預り金（収入）」へ振り替えることになります。入学金を返還する場合も同様です。

CHECK

　★最高裁判例▶平成18年11月27日判決、平成18年12月28日18文科高第536号参照　★入学辞退者の取り扱い▶昭和51年4月8日文管振第158号5

◆ 翌年度入学者の入学金等の取扱い

①入学手続きで収受した入学金、授業料等
⇒翌年度に帰属する収入であるので前受金収入

	（借方）		（貸方）	
資金収支	普通預金	400	前受金収入	
			入学金前受金収入	100
			授業料前受金収入	300
事業活動収支	普通預金	400	前受金	400

②入学辞退者の入学金（返還しない場合）
決算時点では、他の入学者と合わせて「前受金」のまま。
翌年度において「入学金収入」に振り替える

（翌年度）	（借方）		（貸方）	
資金収支	前期末前受金	100	入学金収入	100
事業活動収支	前受金	100	入学金	100

③入学辞退者の授業料等（返還する場合）
入金時点では前受金として処理しても、決算時点では「預り金」に振り替える

	（借方）		（貸方）	
資金収支	前受金収入		その他の収入	
	授業料前受金収入	300	預り金受入収入	300
事業活動収支	前受金	300	預り金	300

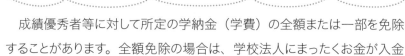

7-3　学費を免除したら

　成績優秀者等に対して所定の学納金（学費）の全額または一部を免除することがあります。全額免除の場合は、学校法人にまったくお金が入金されない場合もありますが、学校法人会計では総額表示の原則から、本来納付される学納金の額と減免した額の双方を計算書類上表示します。

　具体的な処理科目は、その減免理由によって異なります。成績優秀やスポーツの技能優秀を理由とした減免については、就学を奨励するためのものとして「（大）教育研究経費支出（小）奨学費支出」で処理します。

●減免理由で異なる処理科目

　一方、教職員の子弟に対して減免が行われる場合には、人事管理政策の目的があるため、教職員への給与の追加として「（大）人件費支出」で、小科目は該当の科目（教員人件費支出または職員人件費支出のその他の手当）で処理されます。

　学則で定めた所定の学納金が本来の「定価」であると考え、そこから減免したと考えるわけですが、定価であれば学納金収入はどれだけかを総額表示で表しているわけです。なお、例えば同一法人の併設校からの編入学について学則に「〜の場合の入学金は××円」等の他の編入学と区分して低い額の記載がある場合は、すでにその額が定められた「定価」の位置づけであるため、その「定価」の額を収入として計上し、それ以上奨学費支出等の仕訳をする必要はないと考えられます。

CHECK

★減免処理の考え方 ▶ 委員会報告 30 号
★減免処理の FAQ ▶ 学校法人会計問答集（Q&A）1 号

◆ 学費免除の取扱い

①学校法人が成績優秀者等に対し納付金を減免する場合

＜成績優秀者に対し授業料800全額を免除した＞

	（借方）		（貸方）	
資金収支	支払資金（諸口）	800	授業料収入	800
	教育研究経費支出 　奨学費支出	800	支払資金（諸口）	800
事業活動収支	諸口	800	授業料	800
	教育研究経費 　奨学費	800	諸口	800

（注）支払資金（諸口）については、会計ソフトにより取扱いが異なります。
　　　「（借方）奨学費支出800／（貸方）授業料収入800」もありえます。

②教職員の子弟に対し納付金を減免する場合

＜職員の子弟が入学し授業料300を免除した＞

	（借方）		（貸方）	
資金収支	支払資金（諸口）	300	授業料収入	300
	職員人件費支出 （その他の手当支出）	300	支払資金（諸口）	300
事業活動収支	諸口	300	授業料	300
	職員人件費 （その他の手当）	300	諸口	300

（注）（その他の手当支出）は人件費支出内訳表（**9−1**参照）において細分科目と
　　　呼ばれる補助科目です。

7 - 4　これも「手数料収入」なの

●学生生徒等から徴収するのが手数料収入

　大科目の「手数料収入」は、教育研究活動に伴って学生生徒等から徴収するものです。たとえ「手数料」という名称がついていても、教育研究活動とは別に受け取る、例えば制服販売手数料等は、大科目「手数料収入」には該当せず、大科目「付随事業・収益事業収入」あるいは大科目「雑収入」の適切な小科目で処理します。

　翌年度入学に係る入学金については前受金としますが、入学試験の入学検定料については前受金とする必要はなく、入学試験を行った年度の収入として計上します。入学試験を行った時点でサービスの提供が完了しているからです。

●大学入試センターからの手数料は

　大学入試センターが行う共通テストに参加し、受け入れた手数料収入は「大学入試センター試験実施手数料収入」で処理します。これはセンターから交付される試験実施経費が大学の試験実施と同趣旨、つまり受験生からの徴収と同様と位置付けられるからです。なお、試験の実施に係る支出は「教育研究経費支出」で処理します。

　入学検定料の減免がある場合は、総額表示（収入と支出を相殺しない）によりますが、受験者はまだ当該校の学生生徒ではないため、「（大）管理経費（支出）（小）入学検定料免除額（支出）」等に計上します。

CHECK

　★大学入試センター試験実施手数料収入*　▶事業団 QA22　＊名称変更の可能性もあり
　★入学検定料の減免 ▶事業団 QA368

◆ 手数料収入の取扱い

（大）手数料（収入）	学校が用役を提供する対価として学生生徒等から徴収するもの。
入学検定料（収入）	その会計年度に実施する入学試験のために徴収する収入をいう。
試験料（収入）	編入学、追試験等のために徴収する収入をいう。
証明手数料（収入）	在学証明、成績証明等の証明のために徴収する収入をいう。

（仕訳例）当年度実施の入学試験の検定料 20,000 が現金で入金となった。

	（借方）		（貸方）	
資金収支	現金	20,000	入学検定料収入	20,000
事業活動収支	現金	20,000	入学検定料	20,000

（仕訳例）当年度実施の入学試験の検定料 20,000を免除した。

	（借方）	（貸方）	
資金収支	管理経費支出 　入学検定料免除額支出　20,000	入学検定料収入	20,000
事業活動収支	管理経費 　入学検定料免除額　20,000	入学検定料	20,000

7-5　スクールバスの料金は

　幼稚園でスクールバスの料金を徴収している場合がありますが、この場合、スクールバスの費用が学納金の施設整備費等に含まれていて園児全員から一律徴収している場合と、学納金の施設整備費等とは別にスクールバス料金として利用者からのみ徴収している場合とがあります。仮に学納金に含まれているのであれば当然に一律徴収で原則として返金されませんから、そのまま学生生徒等納付金収入で処理します。

●利用者のみなら「補助活動収入」になる

　一方、利用者のみから徴収しているのであれば、「在学を条件とし、又は入学の条件として、所定の額を義務的かつ一律に納付すべきもの」という定義に該当しませんから学生生徒等納付金収入ではなく、「（大）付随事業・収益事業収入」の「（小）補助活動収入」等で処理することになります。ここで補助活動収入とは「教育活動に付随する活動に係る事業の収入」をいい、代表的なものに食堂、売店、寄宿舎等の事業があります。小科目名としては「スクールバス維持費収入」なども使用されています。

　なお、平成19年に国税庁と文部科学省の協議で学生生徒等納付金収入の特定科目（施設設備費）で処理する場合には非課税とされ、消費税の課税区分が学生生徒等納付金収入（非課税）と付随事業・収益事業収入（課税）とで異なります。また、給食費の処理でも、授業料（保育料）に含めて徴収する場合にも同様に科目により課税区分が異なってきます。

CHECK

★非課税▶国税庁課税部消費税室長「幼稚園における給食の提供及びスクールバスの運用に係る消費税の取扱いについて（平成19年1月17日付照会に対する回答）」

◆ 補助活動収入関係の科目例（東京都）

（総額で表示する場合）
・給食費収入
・食堂売店収入
・寄宿舎収入
・用品代収入
・校外教育活動収入
・スクールバス維持費収入
・○○○収入

なお、補助活動収入については収入・支出を全部または部分的に相殺する（純額表示）ことも認められています。

◆ 平成 19 年 1 月 17 日通知（18 初幼教第 11 号）

食育・安全教育の推進等の観点から、給食や送迎については幼児教育の一環として行うものであるとの位置付けを明確化

項目	徴収方法	消費税課税区分
給食にかかる経費	「授業料（保育料）」に含めて徴収	非課税
	「給食代」として「授業料（保育料）」と別途徴収	課税
	給食を外部搬入（外部委託）している場合で、預り金処理	非課税
スクールバスの維持・運営に要する費用	「施設設備費」に含めて徴収	非課税
	「スクールバス代」として「施設設備費」と別途徴収	課税

8-1　お金を寄付してもらったら

　寄付金収入とは、金銭その他の資産を寄贈者から贈与されたもので、補助金（**8-4** 参照）とならないものです。資金収支計算書では、「（大）寄付金収入」に、小科目については、寄付者から寄付金の使い道を指定されているものを「特別寄付金収入」、指定されていないものを「一般寄付金収入」と区分します。

　ただし、特別寄付金収入のうち、「施設設備の拡充のため」という寄付者の意思が明確なものについては、事業活動収支計算書において「特別収支」の区分に「（大）その他の特別収入（小）施設設備寄付金」として計上します。また、活動区分資金収支計算書においても同様に「施設整備等活動」の「施設設備寄付金収入」として区分します。

●寄付者の意思により計上科目を区分

　金銭による寄付については、寄付者の意思により計上科目を区分する必要があるため、寄付金の募集要項や案内書で当該寄付をどのように使用するのかを明確にするとともに、申込書、振込用紙等にその区分を選択あるいは記載できるようにし、寄付者の意思が明らかになるよう工夫している学校法人が多いかと思います。

　なお、周年記念事業やその他の各種行事の際に受け取る「祝い金」は、社会慣行としてなされる交際費的性格を持つものとされることから、寄付金収入ではなく「（大）雑収入」の適切な小科目で処理します。

CHECK

　★寄付金とは ▶実務指針 39 号、研究報告 31 号
　★寄付金収入の区分 ▶実務指針 45 号 1-2、2-2

◆ 事業活動収支の寄付金区分

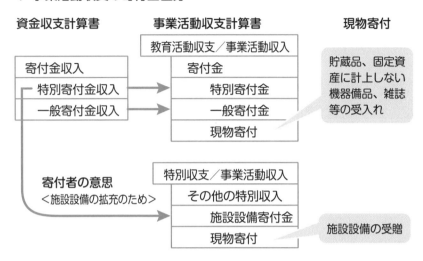

（仕訳例①）図書館の図書購入のため同窓会から 10,000 の寄付が現金であった。

	（借方）		（貸方）	
資金収支	現金	10,000	特別寄付金収入	10,000
事業活動収支	現金	10,000	（特別収支） その他の特別収入 　施設設備寄付金　10,000	

（注）「図書」という設備（資産）拡充という寄付者の意思が明確であるため。

（仕訳例②）課外活動充実のため同窓会から 10,000 の寄付が現金であった。

	（借方）		（貸方）	
資金収支	現金	10,000	特別寄付金収入	10,000
事業活動収支	現金	10,000	（教育活動収支） 寄付金 　特別寄付金　10,000	

8-2 寄付金の計上時期と注意点

　寄付金は、実際に寄付を受けた年度で計上します。期末日近くに寄付申込書を受け取っていても、翌年度に寄付金あるいは資産等を受領したのであれば寄付金として計上するのは翌年度です。たとえ毎年同額の寄付を受け取っている場合でも未収入金として計上することは認められません。なお、日本私立学校振興・共済事業団を通じて行う受配者指定寄付金の場合は取り扱いが右ページ図のように異なります。

●禁止されている大学の入学前寄付

　また、入学者選抜の公正確保等の観点から、大学については入学前の寄付金（入学に関して大学が、あるいは他団体を通して寄付金や学校債の入金を受けることや、その募集や約束をすること）が禁止されています。仮に違反があった場合、公認会計士等の監査報告書にはその旨を記載することになっており、大きな問題となります。

　一方、高校以下については必ずしも所轄庁が禁止しているとは限らないため、入学手続後、入学前の期間に寄付が行われる場合もあります。

　そのため、翌年度入学予定者の寄付であることから、その寄付金について前受金として処理し、入学年度において寄付金として計上する実務がかつてはありました。ただし、現在においては前受寄付金として処理できるのは、所轄庁からその旨の指示が出ている場合に限られますので、指示がない場合には、入金した年度の寄付金収入として計上する必要があります。

> CHECK
>
> ★寄付金とは ▶実務指針39号、研究報告31号
> ★東京都の例 ▶都私学財団 QA28

◆ 寄付金の計上時期

<X1年度>   <X2年度>

~~未収入金計上~~   期末 3／31   寄付金収入計上

寄付申込   実際の寄付

◆ 日本私立学校振興・共済事業団を通じて行う受配者指定寄付金

　受配者指定寄付金を利用する寄付金が寄付者から学校法人の普通預金口座に振り込まれたときは、「特別寄付金」とせずに「預り金」とする。

<資金収支の仕訳例>
①〔寄付者からの入金時〕
　（借方）普通預金　1,000　　　　　（貸方）預り金受入収入　　1,000

②〔事業団送金時〕
　事業団の口座に寄付金を振り込む際は、「預り金」の支出となる。
　（借方）預り金支払支出　　1,000　　（貸方）普通預金　　1,000

③〔配布時〕
　受配者指定寄付金の配付を受けた場合は、その属する会計年度の「特別寄付金」として処理する。
　（借方）普通預金　1,000　　（貸方）特別寄付金収入　　1,000
　（施設設備の拡充のための指定であれば事業活動収支計算書は特別収支）

8-3　ものを寄付してもらったら

　寄付はお金ばかりとは限りません。書籍やパソコンなど、いわゆるモノを受け取ることもあります。この場合、お金の受領ではないため資金収支で仕訳は発生しませんが、純資産が増加するため事業活動収支では収益として認識し、仕訳を記入することになります。

　その受け取ったモノが固定資産に計上される施設設備（**11-1** 参照）であれば「特別収支」の区分に「（大）その他の特別収入」の「（小）現物寄付」で処理し、それ以外であれば「教育活動収支」の区分に「（大）寄付金」の「（小）現物寄付」で処理することになります。教育活動収支に計上されるのは、貯蔵品や固定資産に計上しない機器備品、雑誌等の受入れです（**8-1** 図解参照）。

●会計処理が漏れてしまうおそれ

　なお、現物寄付についてはお金の動きがないため、各設置校や各部署で受け取ったまま正確な報告がなされないと、経理部署ではその事実を把握できず会計処理が漏れるおそれがあります。決算時にはもれなく報告する仕組みを作っておく必要があります。

　また、受入価額をどうするかという問題もあります。同窓会などから新規に購入した物品の寄贈を受ける場合は、その購入時の請求書等を参考にします。新規購入でない場合は時価等を参考にすることになります。

　また、「PTA が購入して生徒に使わせている備品」などのように、学校の管理下にあれば寄付処理の検討をすべきものもあります。

CHECK

★現物寄付の区分 ▶ 実務指針 45 号 2-2
★ PTA が購入して生徒に使わせている備品 ▶ 都私学財団 QA32

◆ ものを寄付してもらった場合

支払資金の動きはないため、資金収支の仕訳は発生しない。

（仕訳例①）生徒用ノート200冊（ 20,000 相当）の現物寄付があった。

	（借方）	（貸方）
資金収支	なし	なし
事業活動収支	消耗品費　　　　20,000	（教育活動収支） 寄付金 　現物寄付　　　　20,000

（仕訳例②）同窓会からプロジェクター（ 300,000 相当）の寄付があった。

	（借方）	（貸方）
資金収支	なし	なし
事業活動収支	教育研究用 機器備品　　　300,000	（特別収支） その他の特別収入 　現物寄付　　　300,000

◆ 寄付金収入の管理方法例

①寄付金募集の基本的枠組み（募集期間、一口の金額、集金方法、募集方法、管理責任者など）を定め機関決定する。

②募集要項、募金趣意書などにより、寄付金の使途、募集の目的、目標額、募集期間、寄付金の管理方法等を内外に明確にする。

③寄付金の申込み及び払込みは、全て所定の様式による。

④現金ではなく、指定した預金口座のみで取扱う。

⑤寄付者自身がチェックできるよう寄付金収入の実績(寄付者名、寄付金額)の発表や礼状発送を行う。

⑥必ず複数の人間が携わり、相互に牽制するようにする。

（都私学財団QA33参照）

8−4　補助金を受け取ったら

　補助金とは、国または地方公共団体からの助成金をいい、日本私立学校振興・共済事業団及びこれに準ずる団体からの助成金（国または地方公共団体からの資金を原資とする間接的助成金）を含みます。そのため、たとえ「補助金」「助成金」という名称で公益法人等から毎年受け取るものがあったとしても、上記の国等の原資によるものでなければ寄付金収入等として処理します。

●収入計上時期は交付決定日

　補助金については、資金収支ではすべて「（大）補助金収入」で区分しますが、活動区分資金収支計算書（**5−1**参照）においては、「教育活動による資金収支」、「施設整備等活動による資金収支」に、また事業活動収支では「教育活動収支」と「特別収支」の二つの区分に、施設設備のためという目的が明確か否かで区分します。この目的は当該補助金交付の根拠法令、交付要綱等の趣旨（どういう目的で交付しているか）から判断しますが、判然としなければ補助金の交付元に問い合わせるのが最善です。

　また、補助金については、収入計上時期に注意が必要です。国や地方公共団体から交付決定がなされた日が属する年度の収入として計上します。期末日近くの交付決定日で期末日に未入金のものは、未収入金として計上する必要があります。翌年度になって交付決定通知書が到着する場合もあるため、申請済みの補助金で未入金のものは、その顛末を確認しておく必要があります。

CHECK

　★補助金とは▶研究報告 31 号
　★補助金の区分▶実務指針 45 号 1-4、2-3

◆ 事業活動収支の補助金区分

資金収支計算書

（大科目）

補助金収入

施設設備のためという
目的が明確な補助金収入のみ

事業活動収支計算書

教育活動収支／事業活動収入
経常費等補助金
国庫補助金
地方公共団体補助金

特別収支／事業活動収入
その他の特別収入
施設設備補助金

（仕訳例①）3月31日付交付決定を受けた国の補助金 100,000 はまだ未入金である。

	（借方）	（貸方）
資金収支	期末未収入金　　100,000	国庫補助金収入　100,000
事業活動収支	未収入金　　　　100,000	国庫補助金　　　100,000

（仕訳例②）前年度の3月31日付交付決定を受けた国の補助金 100,000 が入金した。

	（借方）	（貸方）
資金収支	普通預金　　　　100,000	前期末未収入金収入　100,000
事業活動収支	普通預金　　　　100,000	未収入金　　　　100,000

（仕訳例③）県より設備購入目的の補助金 100,000 が普通預金口座に振り込まれた。

	（借方）	（貸方）
資金収支	普通預金　　　　100,000	地方公共団体補助金収入 100,000
事業活動収支	普通預金　　　　100,000	（特別収支） その他の特別収入 　　施設設備補助金　100,000

8-5　科学研究費補助金の処理は

補助金のうち「科学研究費助成事業（科学研究費補助金、学術研究助成基金助成金）」（以下、「科研費」）については、研究者または研究グループに支給される補助金で、大学等の研究機関を窓口として応募、申請されます。そのため、学校法人が研究者に代わって補助金を受領するものの、学校法人に帰属する収入ではなく、受領時には「預り金」として処理します。

科研費については、研究に直接要する費用である「直接経費」の他に、研究代表者が所属する研究機関が研究遂行に関連して必要とする経費である「間接経費」が上積みされる場合があります。この間接経費については、直接経費と間接経費の全額をいったん「預り金」として計上し、その後間接経費を「雑収入」へ振り替えます。

●教員の移籍に伴う処理

なお、科研費で購入した物品のうち固定資産（**6-4** 参照）に該当するものは、速やかに学校法人に現物寄付処理することになっています。一方で、教員が学校法人を異動した場合ですでに寄付された設備等の使用を希望している場合は、当該教員に返還し、教員は異動後の学校法人等に再度寄付することになります。また、異動時に科研費の残金がある場合には、直接経費は「（大）その他の支出（小）預り金支払支出」で処理し、間接経費は「（大）雑収入」からの戻入処理をすることになります。

CHECK

★科学研究費補助金取扱規程▶昭和40年文部省告示第110号
★科研費の使用等に関するルール▶科研費ハンドブック（日本学術振興会）

◆ 科学研究費補助金の資金等の流れのイメージ

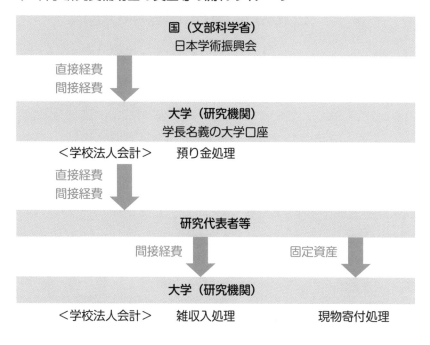

国（文部科学省）
日本学術振興会

直接経費
間接経費

大学（研究機関）
学長名義の大学口座

＜学校法人会計＞　　預り金処理

直接経費
間接経費

研究代表者等

間接経費　　　　　　　　固定資産

大学（研究機関）

＜学校法人会計＞　　雑収入処理　　　　　　現物寄付処理

◆ 研究代表者の所属機関変更時の設備等の移管

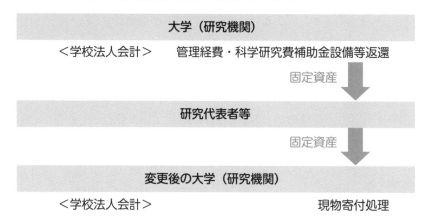

大学（研究機関）

＜学校法人会計＞　　管理経費・科学研究費補助金設備等返還

固定資産

研究代表者等

固定資産

変更後の大学（研究機関）

＜学校法人会計＞　　　　　　　　　　　現物寄付処理

9-1 こんなに細かい給与の処理

　「(大)人件費支出」とは、雇用契約に基づき労働の対価として支払われるものです。なお、学校法人会計では委任契約に基づく役員の報酬も含めています。小科目は、「教員人件費支出」「職員人件費支出」「役員報酬支出」という職種によるものと、他に「退職金支出」があります。また、人件費には、本人に支給する給与や賞与だけではなく、学校法人が負担する私学共済掛金などの所定福利費も含まれます。

　さらに教員と職員については、人件費支出内訳表において「本務」と「兼務」(**9-3**参照)に区分され、さらに「本務」については「本俸」「期末手当」「その他の手当」「所定福利費」に細分されます。

●人件費支出と経費支出の区分

　学校法人が直接雇用するアルバイトの給与は人件費支出ですが、人材派遣会社からの派遣は学校法人と雇用関係がありませんから、派遣会社に支払う費用は経費支出となります。ただし、一般企業から講師を派遣してもらう場合などで、本人に対して非常勤講師の発令をするなど雇用契約が生じれば人件費支出となります。

　学校法人の役員は理事と監事ですので、役員報酬は理事と監事の報酬であり、評議員については管理経費支出の報酬支出等で処理します。また、退職金支出の区分は教員と職員しか例示されていませんが、役員に対する退職金がある場合は、「役員」の区分を設けて記載することになります。

CHECK

★人件費支出と経費支出の区分▶事業団QA 60、 ★評議員の報酬▶事業団QA 148
★役員の退職金▶研究報告 26 号 Q10、事業団 QA311

◆ 人件費（支出）の区分

小科目名	内容
教員人件費（支出）	教員（学長、校長または園長を含む。以下同じ）に支給する本俸、期末手当及びその他の手当ならびに所定福利費をいう。
職員人件費（支出）	教員以外の職員に支給する本俸、期末手当及びその他の手当ならびに所定福利費をいう。
役員報酬（支出）	理事及び監事に支払う報酬をいう。
退職金（支出）	教職員等に退職金が支払われた際の支出額。

◆ 人件費支出内訳表における区分

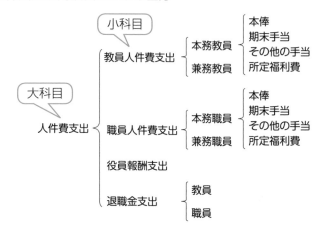

◆「本務教員」「本務職員」の細分科目

細分科目名	内容
本俸	学校法人の給与規程に基づく基本給
期末手当	賞与
その他の手当	扶養手当、通勤手当等
所定福利費[*1]	私学共済、労働保険、私学退職金団体負担金等[*2]

＊1　所定福利費は学校法人負担分
＊2　「私学退職金社団掛金」「私立大学退職金財団負担金」等の細分科目もあり

どう考えればいい？ 教員と職員の境界線

教員と職員の区分は、この計算書類作成の目的から、所轄庁より受ける経常費補助金（**1−6**参照）の交付要綱などに準拠すべきとされています。教員と職員の区分は教員免許の有無ではなく、学校法人から教員として発令（辞令）を受けているかどうかの発令基準によります。

教員人件費は教員として所定の要件（教員免許など）を備えた者について、学校が教育職員（学長、副学長、教授、准教授、講師、助教、助手、校長、副校長、園長、教頭、教諭、助教諭、養護教諭、養護助教諭等）として任用している者に係る人件費です。職員人件費はそれ以外（役員の場合は役員報酬）の人件費です。

●教員か職員か判断を迷う事例

他にも教員と職員で判断を迷うものとして、①司書教諭は学校図書館法5条によって教諭をもって充てることとされているので教員人件費、②教員免許を持っているが、事務の仕事をしている場合は、事務職員として任用された者であれば職員人件費、③高校の実習助手等は教員室に所属していても職員人件費、④認可保育所の保育士は職員人件費とされています。なお③は所轄庁によっては補助金要綱で教員として取り扱う場合もありうるので確認が必要です。

また、教職員と兼務する役員については、役員の職務に対する報酬部分のみが役員報酬となります。

CHECK

★**教員と職員**▶研究報告26号「人件費関係等について」
★**認可保育所の保育士**▶研究報告21号2-6、事業団QA61

◆ 人件費に関する例示

Q	A
研究員に対する人件費	単に研究員のみの場合は職員人件費。
非常勤講師への卒業論文指導料	学生に対する教育活動の一環で雇用関係から生じる役務の提供であるから人件費。
非常勤講師に支払う旅費	講師として出校のためなら通勤手当（人件費）。学務、校務等のための出張費は旅費交通費。
銀行からの出向者である事務長の出向料	出向元の身分を留保したまま、出向先との雇用関係に入るものなので職員人件費。
常務理事が事務局長を兼務している場合	当該学校法人の職員給与表または職員給与の支給実態から、事務局長として妥当とされる額を職員人件費とし、超える額は役員報酬。
役員に係る所定福利費	役員報酬支出に合算して記載。
役員に係る退職金支出	人件費支出内訳表では、「退職金支出」のうちの「職員」の次に「役員」の細分科目を用いて記載。
補助活動事業に係る人件費	補助活動事業の収支を純額表示し人件費を相殺している場合は、人件費支出内訳表に当該人件費は記載されない。
大学の教授が高校の教員を兼務する場合	大学の教授として発令され主たる勤務が大学であれば発令基準によりすべて大学に計上。大学の給与は大学で、高校の給与は高校で支給していれば、その実態に即して各部門で計上。
非常勤講師が２つ以上の部門に関係している場合	部門ごとの契約に基づいているので、部門ごとに人件費を計上。

（参考）研究報告 26 号「人件費関係等について」

9-3 本務と兼務はどう区分するの

本務と兼務の区分は、学校法人の正規の教職員として任用されているか否かにより判断します。ただし、都道府県の経常費補助金の交付要綱によっては細かく規定している場合があるため、その場合は規定に準拠することになります。

●補助金算定の認定基準も参考に

経常費補助金算定基礎のひとつに専任教員等の人数がありますが、この「専任」が「本務」と基本的に同じ意味となります。「私立大学等経常費補助金配分基準」をみると、専任教員等の認定基準を、①発令関係（該当の職種に発令されているか）、②給与関係（給与月額が職種ごとに一定基準額以上か）、③勤務関係（一定の理由のあるものを除き、1週間の割当授業時間数が6時間以上か）としています。これら3要件に該当しても、①専任教員として都道府県の当該年度の私立高等学校等に対する経常費補助金算定の基礎となっている者、②集中講義と考えられる者、③明らかに時間給とみなされる者などは除かれます。

また、専任職員の認定基準を、①発令関係、②給与関係（給与月額が一定基準額以上であるか）、③勤務関係（当該学校法人本部または私立大学等に所属し、当該私立大学等に係る職務に従事し、かつ職務内容が記載の範囲に属しているか）としています。

これらのことを勘案し、実態に即して総合的に判断しますが、一般的には「常勤」「非常勤」というように区分している例が多いようです。

CHECK

★臨時雇用職員に対する賃金 ▶事業団 QA62
★非常勤理事に対する手当科目 ▶事業団 QA63

◆ 私立大学等経常費補助金配分基準　別記1.

補助金算定の基礎となる専任教員等の認定基準

1. 専任教員等の認定は、次によるものとする。

Ⅰ 発令関係

　当該年度の 4 月 30 日以前に当該私立大学等の専任の学長（高等専門学校にあっては校長）、副学長、学部長、教授、准教授、講師、助教又は助手として発令されている者であること。ただし、助教・助手として認められる者は、教員俸給表の適用を受け、かつ、次の各号のいずれかに該当するものとする。

　　＜中略＞

Ⅱ 給与関係

　当該学校法人から給与の支給を受けている者で、次の各号のすべてに該当する者であること。

　　＜中略＞

Ⅲ 勤務関係

　当該私立大学等に所属している者で、1 週間の割当授業時間数が 6 時間（独立行政法人大学改革支援・学位授与機構（以下「学位授与機構」という。）の認定を受けた専攻科の授業時間数は含み、その他の専攻科・別科の授業時間数を除く。）以上の者（助教・助手を除く。）であること。

　ただし、1 週間の割当授業時間数が 6 時間未満の者であっても次の各号に該当する者は、この限りでない。

　　＜略＞

9-4 源泉所得税等の処理

　人件費の細分科目のひとつに「所定福利費」(**9-1**参照)がありました。私学共済掛金や労働保険、退職金団体負担金等で、学校法人が負担する分です。一方で、私学共済掛金や労働保険(雇用保険料部分)については、本人が負担する分もあり、給与から本人負担分を控除します。そのため、実際の人件費の処理では、これらのほか、給与にかかる源泉所得税や住民税、あるいは積立金等と合わせて学校法人が預かり、学校法人負担分と合わせて納付します。なお、通勤手当や超過勤務手当も掛金の計算対象に含まれますが、一部の学校法人で含めずに計算していたことが令和元年に明らかになっています。将来の年金等への影響もあることから正確な計算が必要です。

●補助科目を用いてしっかり管理

　仕訳では「(大)その他の収入」で「(小)預り金受入収入」を用いて処理をします。右ページの仕訳例では事業活動収支の仕訳例で「預り金(源泉所得税)」のように(補助科目)を表示しました。預り金については様々なものがあることから、管理するためにも適切な補助科目(勘定科目の内訳項目)を設けることが望ましいと考えられます。

　源泉所得税は、当月末までに生じたものを翌月10日までに税務署に納付する必要があります。給与以外にも報酬で源泉所得税を徴収するもの(**19-1**参照)もあり、源泉所得税の納付書の作成部署に情報が正しく集約されないと、特に月末ぎりぎりに発生したものなどが漏れてしまう恐れもあります。補助科目で管理していれば、前月末の残高が当月10日に漏れなく納付されていることを確かめることもできます。

◆ 仕訳例

◎本務教員に対して人件費 10,000（本俸8,000、諸手当2,000）を共済掛金預り金 500 及び源泉所得税預り金 500 を差し引き、普通預金口座から支払った。

	（借方）		（貸方）	
資金収支	教員人件費支出 　本務教員 　　本俸 　　その他の手当	 8,000 2,000	普通預金 預り金受入収入	9,000 1,000
事業活動収支	教員人件費 　本務教員 　　本俸 　　その他の手当	 8,000 2,000	普通預金 預り金（共済掛金） 預り金（源泉所得税）	9,000 500 500

（資金収支：別解）
下記のようにいったん全額支払い、預り金の分だけ受け入れたという仕訳の方法もあります。会計ソフトによっても仕訳方法が限定される場合があります。

	（借方）		（貸方）	
資金収支	教員人件費支出 　本務教員 　　本俸 　　その他の手当	 8,000 2,000	普通預金	10,000
	普通預金	1,000	預り金受入収入	1,000

10-1　教管区分ってなに

　学校法人会計では、経費について、教育研究経費と管理経費に区分します（知事所轄法人の場合は特例あり。**6-2**参照）。右ページにあるように、掲げられた7項目に該当することが明らかな経費は管理経費とし、それ以外の経費については主たる使途に従って教育研究経費か管理経費のいずれかに含めるとしています。この通知の区分の仕方には、学校法人の活動は教育研究活動が主であるため、支出も教育研究経費が大部分を占め、管理経費に該当するものを決めておけば容易に区分できるという考え方があるとされています。

●実務上は判断に迷うことも多い

　しかし、実務上は判断に迷うことも多いと思われます。具体的な処理としては、1から7までに列挙されている経費については、例えば光熱水費のように教育研究用及び管理用の双方に関連しているものは、①個別メータ等でそれぞれ直接把握できればその額をそれぞれ計上、②直接把握ができなければ使用割合など合理的な配分基準によって按分します。

　一方、1から7までに列挙されていない経費、例えば私学団体経費のようなものについては、その主たる使途に従って教育研究経費か管理経費のいずれかで処理するものとされています。

　他には、事業団の実務問答集や東京都私学財団のQ&A、所轄庁で出している指示等を参考にしながら判断していくことになります。

　なお、知事所轄法人の特例により教育研究経費と管理経費の区分を求められていない北海道や当該の県にあっては、「経費支出」という大科目で小科目を処理すればよいことになります。

◆ 経費の区分

◆ 管理経費に該当する7項目

教育研究経費と管理経費の区分について（報告）

昭和46年9月30日
学校法人財務基準調査研究会

　次の各項に該当することが明らかな経費は、これを管理経費とし、それ以外の経費については主たる使途に従って教育研究経費と管理経費のいずれかに含めるものとする。

1. 役員の行なう業務執行のために要する経費および評議員会のために要する経費
2. 総務・人事・財務・経理その他これに準ずる法人業務に要する経費
3. 教職員の福利厚生のための経費
4. 教育研究活動以外に使用する施設、設備の修繕、維持、保全に要する経費（減価償却額を含む。）
5. 学生生徒等の募集のために要する経費
6. 補助活動事業のうち食堂、売店のために要する経費
7. 附属病院業務のうち教育研究業務以外の業務に要する経費

（出典）「教育研究経費と管理経費の区分について（報告）」について（通知）
　　　　雑管第118号　昭和46年11月27日

10-2　具体的な区分方法①

●法人業務に要する経費の範囲

　総務・人事・財務・経理その他これに準ずる法人業務に要する経費は管理経費とされていますが、管理経費となるのは法人本部での業務に限りません。学校その他の各部門におけるこの種の業務に要する経費については、その部門において管理経費として処理されます。

　例えば、附属校や学部が法人本部から離れた場所に設置されている場合、一般にその附属校や学部にも事務室が置かれています。その事務室の経費のうち、総務・人事・財務・経理等に該当するものは、必ず管理経費にしなければなりません。この場合、事務室の経費のうち教育研究経費を区分せず、すべて管理経費とするのは法人の任意と解されています。ただし、逆にすべてを教育研究経費とすることは認められません。

●募集のために要する経費と入試

　教育研究経費と管理経費の区分でよく問題となるのが、学生生徒等の募集のために要する経費です。この募集経費には、入学選抜試験に要する経費を含まないものとするとされています。入学選抜試験に直接要する経費、例えば入試に備えての諸会議費や入試問題の作成費用は教育研究経費となります。

　また、印刷費でみてみると、入試前の募集広告や入学願書の印刷費は募集に要する経費ですので管理経費になります。入試後の合格通知やその後の学籍簿、誓約書、学生カード等は教育研究経費です。一方、校納金納付票は入試後に合格者に送付されますが、経理に要する経費であるため管理経費となります。

◆ 事業団 QA ①

教務課、学生課の事務用品 (Q79)	教育研究諸活動を直接様々な側面から支える役割を担っており、そこにおいて使用される事務用品に係る経費は、概ね「教育研究経費（支出）」と判断される。
教育実習、就職活動に係る職員の旅費 (Q81)	専任職員であっても校外実習や課外教育（オリエンテーション等）のための出張等に要する経費は、「教育研究経費（支出）」として処理することが妥当である。
学会に参加する大学院生に支給する旅費交通費 (Q82)	所属研究室の教員の指導によって大学院生が学会に参加するのは教育研究活動の一環といえるため、大学が負担するそのための会費・旅費については本人に対する奨学金ではなく、「（大科目）教育研究経費」「（小科目）旅費交通費」や「（小科目）諸会費」等で処理することが妥当である。
消耗品購入に係る送料 (Q83)	形態分類の観点からは、送料のみ通信運搬費として処理することが原則となるが、会計処理の合理化等に鑑み、固定資産の取得に係る付随費用と同様に、送料やほかの関連費用も消耗品費に含めて処理することも可能と考えられる。
保険料の会計処理 (Q85)	学内で学生が事故にあった場合に給付がある保険に加入している場合、学生に対するものは「教育研究経費（支出）」である。ただし、給付対象者に教職員が含まれていれば、教職員に関する部分は教職員の福利厚生のための経費に相当するため、「管理経費（支出）」になり按分計算を行う必要がある。
給付による奨学金支給 (Q86)	「（大科目）教育研究経費（支出）」、「（小科目）奨学費（支出）」として処理することが妥当である。

10-3　具体的な区分方法②

●補助活動事業に関する経費

　補助活動事業（食堂、売店、学生寄宿舎等）のうち、寄宿舎に要する経費は各学校法人における寄宿舎の性格と実態において判断するものとされています。例えば、全寮制を採っている学校での寮関係経費は、その寄宿舎に教育機能があることを根拠として教育研究経費として処理されます。一方、単に遠隔地からの学生の一部に対してアパート代わりの寄宿舎を用意しておくといったケースでは、管理経費として処理されることになります。

　この寄宿舎の経費の教育研究、管理の区分は、その設置目的や対象者等の実態に照らして判断することとされており、近年では外国人留学生と国内学生の同居を企図した国際交流寮について議論にもなり、規程等を含めた実態判断が求められています。

●大学の附属病院における経費区分

　大学の附属病院における経費については、取扱いが少し異なります。医療業務に要する経費は、大科目「教育研究経費支出」の中に中科目「医療経費支出」を設けて、その中で消耗品費等の小科目によって処理することとされています。

　一方、医療業務以外の経費については、通常の教育研究、管理の経費区分の考え方に従って処理することになります。

CHECK

　★大学の附属病院における経費区分▶ 25 高私参第 15 号「大学の附属病院に係る計算
　書類の記載方法について（通知）」

◆ 事業団 QA ②

入学前教育に係る収支（Q89）	入学前教育は、大学教育へのスムーズな導入を図ることを目的として学習指導を行うものであり、当該大学の教育の一環であるといえるので、入学前教育に係る支出は「教育研究経費（支出）」として処理することが妥当。
就職指導としての「教養試験講座」の収入と支出（Q93）	収入については、資金収支計算書では「（大科目）付随事業・収益事業収入」に適当な小科目（例えば「就職教養講座収入」等）を設け、支出については、学生の就職指導は教育研究活動の一環であることから「（大科目）教育研究経費（支出）」とするのが妥当。
受験生を対象とした「美術講習会」の受講料収入と支出（Q94）	収入については、受験予定の高校生を対象とするため「（大科目）付随事業・収益事業収入」に適当な小科目（例えば「講習会収入」等）を設けて処理するのが望ましい。一方、支出については、学生募集活動に係る経費と考えられ、「（大科目）管理経費（支出）」の「（小科目）消耗品費（支出）」等が妥当である。
公開講座に係る収入と支出（Q95）	一般市民対象の教養公開講座で受講は無料としているが、資料代としてコピー料相当の実費を徴収している場合、公開講座に係る支出は、「教育研究経費（支出）」で処理することが妥当である。なお、資料代等最小限の実費弁償相当額を徴収する場合、資金収支計算書では「（大科目）付随事業・収益事業収入」に適当な小科目（例えば「公開講座収入」等）を設けることとし、それに係る支出は、その収入の内容、程度からみて「教育研究経費（支出）」としても差支えない。

第10章　経費科目の処理

123

10-4　いろいろな科目名

●基準の科目例示はわずか

　基準の記載科目をみてみると、教育研究経費支出として示されているのは、①消耗品費支出、②光熱水費支出、③旅費交通費支出、④奨学費支出の4つだけです。管理経費支出も①〜③が示されているのみです。事業活動収支でも減価償却額が加わるだけです。

　しかし、皆さんの学校ではもっと多くの支出科目を用いているはずです。それぞれの学校法人で定めている経理規程等に従って科目処理をしていただけばいいのですが、仮に規程等にない科目を新設する場合に参考になるものとして、東京都から出されている通知（小・中・高法人対象及び幼稚園法人対象）があります。その主な科目は右ページの表のとおりです。

●支出科目だけではなく収入科目も

　また、この通知では教育研究経費支出、管理経費支出以外の支出科目や収入科目についても基準に例示されている記載科目よりも詳細に例示されているとともに、その科目の内容についても細かく説明されていますので、科目の内容を把握するのに役立つと思います。

　ただし、東京都の通知はあくまでも東京都所轄の学校法人向けですので、東京都以外の知事所轄法人では所轄庁から科目の指示がないかを確認することが大切です。例えば、千葉県では流動資産において独自の中科目を指定していますし、埼玉県では収入科目で中科目を指定しています。

CHECK
　★東京都の通知▶学校法人会計基準の処理標準（記載科目）の改正等について（通知）
　　最終改正 平成 27 年 1 月 30 日 26 生私行第 3111 号

◆（参考）東京都の「学校法人会計基準の処理標準 （記載科目）」（一部）

教育研究経費支出	教育研究のために要する経費をいう。
消耗品費支出	教材用消耗品費、保健衛生用消耗品費も含む。
光熱水費支出	電気料、水道料、ガス代等をいう。
旅費交通費支出	通勤手当は含まない。
奨学費支出	支給した奨学金をいう。
車両燃料費支出	ガソリン代等をいう。
福利費支出	生徒、児童にかかる災害共済掛金、傷害保険料、表彰記念品、見舞金、香典等をいう。
通信運搬費支出	郵便料、電信電話料及び物品の運搬料等をいう。
印刷製本費支出	教材等の印刷及び製本のための支出をいう。
出版物費支出	新聞、雑誌、書籍（図書に該当するものを除く。）等を購入したときの支出をいう。
修繕費支出	施設備等の修繕又はこれらの修繕用資材を購入したときの支出をいう。
損害保険料支出	火災保険料等をいう。
賃借料支出	施設備等の賃借料をいう。
公租公課支出	租税その他の賦課金をいう。
諸会費支出	教育関係団体等に対する会費等をいう。
会議費支出	会議に伴う茶菓子代、食事代等をいう。ただし、金額の僅少な場合に限る。
報酬・委託・手数料支出	報酬、料金（講演料、医師の検診料、施設設備の保守料等）、業務委託料及び手数料等をいう。
生徒活動補助金支出	生徒会、クラブ活動等、生徒児童の自主的活動に対する補助金をいう。
建物等解体撤去費支出	使用していた固定資産の除却等に伴う取壊しのための支出をいう。
補助活動仕入支出	総額で表示する場合に記載する（教育の一環として行われる給食等のための材料等を購入したときの支出をいう。）。
補助活動事業支出	純額で表示する場合に記載する（教育の一環として行われる給食等の収支が支出超過のときに記載する。）。
雑費支出	金額が多額になる場合は、特定事項を取り出して科目を設けるか又は注記する。

11-1　施設や設備を購入したら

　大科目「施設関係支出」と「設備関係支出」は固定資産を取得した場合に用いる科目です。

　施設については土地または土地に固着しているもの、設備については移動可能なものと説明できます。有形固定資産（**6-4**参照）に限らず、施設については借地権、施設利用権など、設備についてはソフトウェアなど、無形固定資産も対象となります。

　取得価額（**6-5**参照）については、対価に付随費用を忘れずにプラスして仕訳します（図書を除く）。現金預金が出ていくのですから、貸方は現金等を記入し、借方にその購入したものの科目名ということになります。購入した場合には、資金収支ではそれぞれの貸借対照表科目名に「支出」という語句がつくことになります。

●追加工事で固定資産計上も

　なお、新たな資産の取得ではなく、追加の工事や修理を行う場合がありますが、会計処理は2つに分かれます。修繕費支出等の経費処理となるのは、①現状維持・保全、②移設、③撤去、④破損・故障等の補修に該当するものです。一方、価値を増加させるような工事は固定資産計上（施設関係支出または設備関係支出）する必要があります。内容的には①固定資産の経済価値を高める、②耐用年数を延長させる、③拡張・増築等、規模の拡大及び新規取得分、④用途変更などがあります。

　資産計上の代表的な例として、和式トイレから洋式トイレへの改装、普通教室から特別教室への用途変更があります。なお、LED照明への交換は一般的に修繕費処理をします。

◆ 施設関係支出の区分

（大）施設関係支出	土地や土地に固着する固定資産への支出。整地費、周旋料等の施設の取得に伴う支出を含む。（事業活動収支では貸借対照表の増減）
土地支出	学校の校地など土地のための支出。
建物支出	建物に附属する電気、給排水、暖房等の設備のための支出を含む。
構築物支出	プール、競技場、庭園等の土木設備または工作物のための支出をいう。
建設仮勘定支出	建物及び構築物等が完成するまでの支出をいう。

（仕訳例）体育館建設のため土地を 5,000 にて取得し、さらにこの土地に建物を建設するため建築会社に工事着手金 3,000 を普通預金から支払った。

	（借方）		（貸方）	
資金収支	土地支出 建設仮勘定支出	5,000 3,000	普通預金	8,000
事業活動収支	土地 建設仮勘定	5,000 3,000	普通預金	8,000

◆ 設備関係支出の区分

（大）設備関係支出	（事業活動収支では貸借対照表の増減）
教育研究用機器備品支出	有形固定資産（6-4参照）となる機器備品で、教育研究用には標本及び模型の取得のための支出を含む。管理用は教育研究の目的以外のもの。
管理用機器備品支出	
図書支出	長期間にわたって保存使用されることを予定している書籍の支出。
車両支出	スクールバスなど車両に係る支出。
ソフトウェア支出	ソフトウェアに係る支出のうち資産計上されるものをいう。

11-2　施設や設備を売却したら①

　施設や設備などを売却した場合、資金収支では「（大）資産売却収入」にその収入額を計上します。帳簿上の価額（以下、「簿価」）1,000の土地を1,500で売却し売却代金は普通預金口座に入金された場合の仕訳を考えてみましょう。資金収支では、土地という施設の売却によって支払資金がいくら入ってきたのかを認識しますから、（借方）普通預金1,500（貸方）施設売却収入1,500と記入します。

　なお、売却対象が車両等の設備であれば設備売却収入の小科目を用います。また、小科目を施設、設備に替えて「土地売却収入」等貸借対照表の具体的な小科目名を付すことも実務上多いです。

●事業活動収支は財産の増減に注意

　一方、事業活動収支では、財産が、純資産がどれだけ増減したかをみます。1,000の土地を1,500で売却したのですから、利益は1,500 − 1,000 = 500です。借方は同じですが、貸方は減少した資産である土地1,000と利益の500を特別収支の区分で資産売却差額という大科目を用いて記入します。小科目については施設売却差額あるいは土地売却差額といった具体的名称を用いることが考えられます。

	（借方）	（貸方）
資金収支	普通預金　　1,500	土地売却収入　　　　　　1,500
事業活動収支	普通預金　　1,500	土地　　　　　　　　　　1,000 （特別収支）資産売却差額 　　　　　土地売却差額　　500

◆ 資産売却収入の区分

（大）資産売却収入	固定資産に含まれない物品の売却収入を除く。事業活動収支では貸借対照表の増減。
施設売却収入	施設（土地、建物等）の売却による収入。
設備売却収入	設備（機器備品、図書等）の売却による収入。
有価証券売却収入	債券、株式、投資信託等の売却による収入。

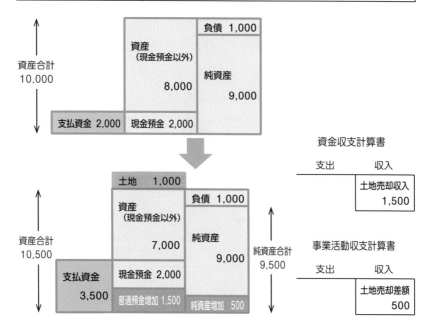

◆ 事業活動収支の大科目名

	大科目	備考
特別収支	資産売却差額	資産売却収入が当該資産の帳簿残高を超える場合のその超過額をいう。
	資産処分差額	資産の帳簿残高が当該資産の売却収入金額を超える場合のその超過額をいい、除却損または廃棄損を含む。

11-3　施設や設備を売却したら②

　11-2は売却して利益が出た場合でした。では逆に簿価より安くしか売却できず損失が出た場合はどうでしょうか。資金収支の場合は、支払資金がいくら増えたかを表すわけですから、利益が出たか損失が出たかは無視し、支払資金の増加分を収入額とし、その原因を収入科目とします。土地の売却代金が500であれば、（借方）普通預金500　（貸方）施設売却収入（あるいは土地売却収入）500と金額が変わるだけです。

●**事業活動収支では「処分差額」で処理**

　一方、事業活動収支では、（借方）土地の売却代金500　<（貸方）土地の減少1,000ですので、損失は500であり、貸借を一致させるために借方に500を記入し、その原因を特別収支の区分で大科目「資産処分差額」において小科目「土地処分差額」等で表します。

	（借方）		（貸方）	
資金収支	普通預金	500	土地売却収入	500
事業活動収支	普通預金 （特別収支）資産処分差額 土地処分差額	500 500	土地	1,000

　また、机等を廃棄処分（除却）した場合は、お金の入金はありませんから、減少する貸方の資産と同額が「処分差額」となります。例えば「（借方）教育研究用機器備品処分差額500　（貸方）教育研究用機器備品500」です。なお、お金の動きはないのですから資金収支については仕訳なしです。

◆ 簿価より低い価額で売却した場合

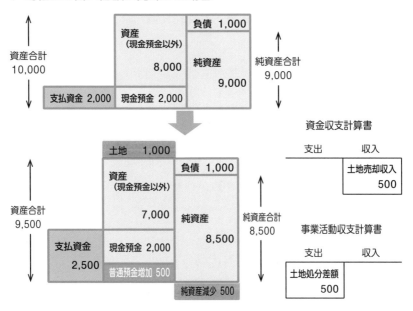

◆ 廃棄処分した場合

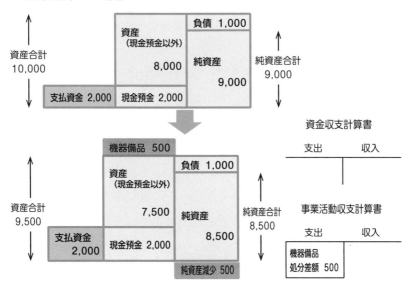

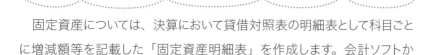

11-4　固定資産明細表のつくり方

　固定資産については、決算において貸借対照表の明細表として科目ごとに増減額等を記載した「固定資産明細表」を作成します。会計ソフトから出力可能ですが、設定を誤ると正確に表示できません。

　固定資産明細表の正しい表示方法を確認しましょう。まず、期首残高、当期増加額、当期減少額、期末残高の欄はそれぞれ取得価額で記載されます。期首残高は貸借対照表の前年度末残高ではなく、前年度の固定資産明細表の期末残高の欄に一致しているはずです。貸借対照表の記載額は減価償却額の累計額を控除した簿価で計上するからです。

●計算書類の他の項目との一致を確認

　次に当期増加額は、資金収支の関連支出と一致します。ただし、固定資産の現物寄付、建設仮勘定から建物等への振替、過年度修正（**14-3**参照）がある場合は一致しませんが、摘要欄にその旨を記載することになります。

　当期減少額は計算書類に直接結びつく数値はないため、固定資産台帳の減少額等と確認することになります。期末残高欄は減価償却をする資産については貸借対照表の残高とは一致しません。貸借対照表の残高と一致するのは期末残高から減価償却額の累計額を控除した後の「差引期末残高」です。他にも減価償却額の累計額が貸借対照表の注記「減価償却額の累計額の合計額」と一致しているかなど、計算書類の他の項目と一致する箇所について確認するのが重要です。

　なお、中科目の特定資産については、貸借対照表と同様にたとえ引当特定資産がひとつもなくとも中科目名を省略することはできません。

◆ 固定資産明細表

年4月1日から
年3月31日まで

(単位 円)

科目		期首残高	❶当期増加額	当期減少額	❷期末残高	❸減価償却額の累計額	❹差引期末残高	摘要❺
有形固定資産	土地							
	建物							
	構築物							
	教育研究用機器備品							
	管理用機器備品							
	図書							
	車両							
	建設仮勘定							
	計							
特定資産	第2号基本金引当特定資産							
	第3号基本金引当特定資産							
	(何)引当特定資産							
	計							
その他の固定資産	借地権							
	電話加入権							
	施設利用権							
	ソフトウェア							
	有価証券							
	収益事業元入金							
	長期貸付金							
	計							
合計								

取得価額で記載

❶「当期増加額」は資金収支の関連支出と一致（現物寄付、建設仮勘定からの振替額等をのぞく）

❷「期末残高」は減価償却資産については貸借対照表と一致しない

❸「減価償却額の累計額」には当期減少額の分は含まない。貸借対照表注記金額と一致

❹「差引期末残高」は貸借対照表残高と一致

❺贈与、災害による廃棄その他特殊な事由による増加もしくは減少があった場合または同一科目について資産総額の1／100に相当する金額（その額が3,000万円を超える場合には、3,000万円）を超える額の増加もしくは減少があった場合には、それぞれその事由を摘要の欄に記載する。

（注）小科目については、計上すべき金額がない場合には当該科目を省略します。

11-5　リースの会計処理は

　リース契約のうちファイナンス・リース取引（以下、「FL取引」）については、通常の資産購入と同じような効果をもたらすことから、一定の場合を除き資産計上します。FL取引とは、①中途解約不能、②借手が経済的利益を享受、③借手が使用コストを実質的に負担が要件です。

●固定資産計上が求められる場合

　FL取引の場合、所有権が学校法人に移転する所有権移転と移転しない所有権移転外がありますが、いずれも売買取引に準じた会計処理、すなわち固定資産の計上の検討が必要です。

　右ページの図のようにア、イ、ウの要件に該当しなければ固定資産として処理します。この場合リース料総額を計上額とする利子込み法を採用することが多いと考えられます。

　該当した場合は、原則処理であれば矢印に従って固定資産計上または消耗品費等の科目で経費として処理します。例外処理を選択した場合は、毎月のリース料を賃借料として処理します。

　固定資産計上したリース物件の減価償却（**17-3** 参照）は、①所有権移転については自己所有と同一の方法、②所有権移転外についてはリース期間を耐用年数とし残存価額をゼロとして算定します。

　一方、オペレーティング・リース取引については、毎月のリース料を賃借料として処理するだけです。

CHECK

★リース取引に関する会計処理について（通知）▶平成20年9月11日20高私参第2号　★上記通知に関する実務指針▶委員会報告41号

◆ リースの処理

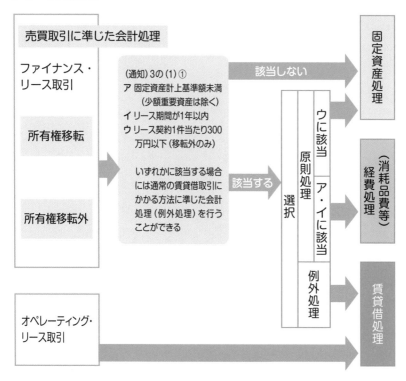

（仕訳例）教育研究用機器備品の所有権移転外ファイナンス・リース取引。

(1) リース期間：5年
(2) リース料：リース料の総額　60,000　（月額1,000を毎月末支払い）
(3) リース取引開始日：Ｘ１年４月１日、年度末３月31日

Ｘ１年４月１日

	（借方）	（貸方）
資金収支	設備関係支出 　教育研究用機器備品支出　60,000	期末未払金　60,000
事業活動収支	教育研究用機器備品　　　　60,000	長期未払金　48,000 未払金　　　12,000

第11章　固定資産の取得と処分

135

11-6　ソフトウェアの会計処理は

　学校法人会計では、ソフトウェアを「コンピュータを機能させるように指令を組み合わせて表現したプログラム及びこれに関連する文書」と定義しています。まず、いわゆるオペレーションシステムなどパソコン等に組み込まれているソフトウェア（基本ソフト）は、両者が別個では機能せず一体としてはじめて機能するものであり、経済的耐用年数も関連性が高いことからパソコン等に含めて処理します。

●こんな場合は資産計上

　一方、それ以外のソフトウェアについては、将来の収入獲得または支出削減が確実な場合（以下、「確実」）は資産として計上し、それ以外は経費処理します。もちろん確実であっても、学校法人の定める固定資産計上基準額未満であれば経費処理です。

　なお、教育研究用については、その利用に伴い外部より相当額の利用料を徴収する等の例外的なものを除き、確実にはあたらない場合が多いとされ、この場合は経費処理されます。一方、事務用は業務効率化のために使用することが多く、それによって支出削減が確実であると認められる場合には資産として計上します。

　資産として計上する場合には、資金収支では「（大）設備関係支出」の「（小）ソフトウェア支出」として、貸借対照表では「その他の固定資産」の「ソフトウェア」等で処理します。

CHECK

　★ソフトウェアに関する会計処理について（通知）▶平成20年9月11日20高私参第3号　★上記通知に関する実務指針▶委員会報告42号

◆ ソフトウェアの取扱い

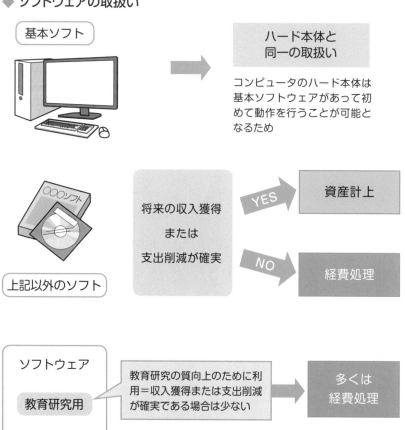

基本ソフト

ハード本体と
同一の取扱い

コンピュータのハード本体は
基本ソフトウェアがあって初
めて動作を行うことが可能と
なるため

○○○ソフト

上記以外のソフト

将来の収入獲得
または
支出削減が確実

YES → 資産計上

NO → 経費処理

ソフトウェア

教育研究用

教育研究の質向上のために利
用＝収入獲得または支出削減
が確実である場合は少ない

→ 多くは
経費処理

事務用

法人の効率的な運営のために
利用＝業務効率化のために使
用する場合、支出削減が確実
である場合が多い

→ 多くは
資産計上

11-7　有姿除却等損失ってなに

　固定資産については、実際の除却（使用を中止し処分すること）をしない場合でも一定の条件を付して会計上の除却処理ができることとした「有姿除却等損失」という取扱いがあります。ただし、これは、現に使用中止し、かつ、将来転用など使用する予定がない固定資産について、①固定資産の使用が困難、②取り壊し等の処分ができない、③備忘価額を残して貸借対照表の資産計上額から除くことについて理事会等の承認を得た、という 3 条件を満たした場合にのみ認められます。

●法人税の「有姿除却」とは異なる概念

　特に①は、社会通念上誰にとっても使用困難な場合であり、当該学校法人の個別的な事由で使用が困難な場合は含みません。また、②は通常想定される方法で処分できない場合であって、費用が多額に発生するから「処分できない」というだけでは対象外です。そのため、立入禁止区域にある固定資産のため物理的なアクセスが制限されている場合など、対象となる資産はきわめて限定的だと考えられます。

　一方、法人税法では、今後の使用可能性がない資産について、例えばその解撤、破砕、廃棄等をすると多額の費用が生じるため廃棄等をせず保有している場合であっても、その資産について除却処理を認めており、「有姿除却」といいます。この「有姿除却」と、学校法人会計の「有姿除却等損失」とはまったく別の概念ですから、安易に除却できると判断しないよう注意が必要です。

CHECK

　★有姿除却等損失▶平成 25 年 9 月 2 日 25 高私参第 8 号 II -1、実務指針 45 号 3 固定資産　★税務上の「有姿除却」▶法人税基本通達 7-7-2

◆ 有姿除却等損失の取扱い

実務指針での例示

＜条件＞

① 固定資産の使用が困難である場合

社会通念上誰にとっても使用することが困難である場合であり、当該学校法人の個別的な事由で使用が困難な場合は含まない。なお、当該固定資産の使用を継続するために巨額な支出を要するなど、使用目的から考えて明らかに合理的でない場合も使用が困難である場合に該当する。

② 処分ができない場合

通常想定される方法で処分できない場合。

【①、②の条件を満たす場合の例】

a）物理的なアクセスが制限されている場合

・立入禁止区域にある固定資産

・地中に空洞があり、崩落の危険があるような場合で、埋め戻して使用可能な状態にするためには巨額な支出を要する土地・建物

b）当該固定資産を処分するためには教育活動を長期にわたり中断しなければならないなど事業を行う上で重要な支障を来し、直ちに処分することが合理的でない場合

・使用が困難となった構築物だが、校舎と一体となっており、処分するためには長期にわたり校舎を閉鎖しなければならない場合

c）法令の規制など、学校法人の都合によらない外部要因により直ちに処分することができない場合

・倉庫に保管しているPCB入りトランス（変圧器）等で、外部要因により処分するのに相当期間を要すると想定されるもの

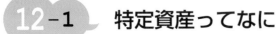

12-1 特定資産ってなに

特定資産とは、使途を特定された預金等（国債などの有価証券を含む）をいいます。第2号基本金と第3号基本金（**18-6**参照）を組入れた場合には、必ず同額の引当特定資産を設定し支払資金と別に区分しなければなりませんが、それ以外の特定資産については、設定するかしないかは学校法人の任意です。

第2号基本金と第3号基本金以外の代表的なものには、退職給与引当金（**17-2**参照）に対応した退職給与引当特定資産、減価償却累計額に対応した減価償却引当特定資産があります。なお、これらについては明確な通知等はありませんが、引当金や減価償却累計額を上回る額の特定資産を計上することは不適当と考えられます。

●普段の金庫から特別の金庫へ

12-3の図をみてください。特定資産とは日常の支払いに使用する支払資金から将来の特定の使途のために資金を別に区分したものです。イメージとしては、普段使用する金庫から特定資産という特別の金庫にお金を移動させるのが「〇〇繰入支出」であり、貯めておいたお金をその目的のために使用できるよう、特別の金庫から普段の金庫に移動するのが「〇〇取崩収入」です。もちろん、「〇〇」にはそれぞれの特定資産の名前が入ります。

資金収支では支払資金が減少したり、増加したりしますので支出や収入として認識されますが、学校法人の純資産自体に変動はありませんから、固定資産（各特定資産）と流動資産（現金預金）との区分変更にすぎず、事業活動収支では貸借対照表の科目の増減となるだけです。

◆ 仕訳例

新たに奨学基金として500を設定するため、普通預金を支払資金から区分する。

	（借方）		（貸方）	
資金収支	（大）資産運用支出 　第3号基本金引当 　特定資産繰入支出	500	普通預金	500
事業活動収支	第3号基本金引当 特定資産	500	普通預金	500

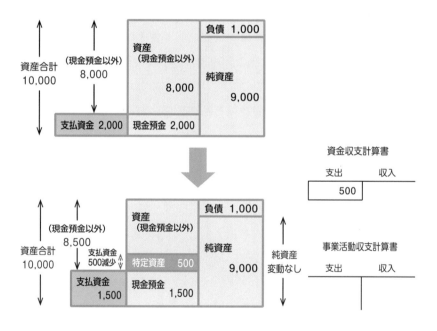

収益事業会計ってなに

　学校法人はその収益を私立学校の経営に充てるため、収益獲得を目的とした事業を行うことができます。この事業を「収益事業」といい、寄附行為に収益事業を設ける旨の規定をおく必要があります。寄附行為に規定した収益事業がある場合には収益事業の会計を学校会計（収益事業以外の学校法人本来の教育研究活動の会計）と区分して、基準とは別に企業会計の原則に従って計算書類（損益計算書及び貸借対照表）を作成します。また、この収益事業の計算書類は学校会計の計算書類に合わせて所轄庁に提出することになります。所轄庁の認めた事業に限られ、所轄庁の認可が必要です。収益獲得を目的としていますから、損失が継続的に発生することは会計上も想定していません。

　この収益事業会計での利益を学校会計に繰入れるのが、「（大）付随事業・収益事業収入」の「（小）収益事業収入」です。

●収益事業は寄附行為に規定があるものだけ

　一方、売店等を運営しており法人税法上の収益事業（**19-2**参照）に該当するとして税務申告をしていたとしても、寄附行為に規定をおいていなければあるいはその対象外であれば補助活動事業等として処理されるため、ここでいう収益事業には該当しません。そのため、税務申告や管理のために通常の学校会計とは別の会計として処理していたとしても、寄附行為に規定している収益事業以外は所轄庁に届け出る計算書類において学校会計と合算した計算書類を作成します。

CHECK

★収益事業▶私立学校法 26 条　　★収益事業会計▶基準 3 条
★付随事業と収益事業▶（通知）20 文科高 855 号　平成 21 年 2 月 26 日

◆ 資金収支計算書

（大）付随事業・収益事業収入	学校教育の一部に付随して行われる事業（付随事業）及び収益事業の収入
（小）収益事業収入	収益事業会計からの繰入収入をいう。
（大）資産運用支出	資産の運用を目的とした支出
（小）収益事業元入金支出	収益事業に対する元入額の支出をいう。

（注）　「付随事業・収益事業収入」の小科目には他に「補助活動収入（食堂、売店、寄宿舎等教育活動に付随する活動に係る事業の収入）」「附属事業収入（附属機関（病院、農場、研究所等）の事業の収入）」「受託事業収入（外部から委託を受けた試験、研究等による収入）」があります。

◆ 事業活動収支計算書

教育活動外収支	
（大）その他の教育活動外収入	
（小）収益事業収入	収益事業会計からの繰入収入をいう。

◆ 貸借対照表

（大）固定資産	
（中）その他の固定資産	
（小）収益事業元入金	収益事業に対する元入額をいう。

◆ 「収益事業」の2通りの意味

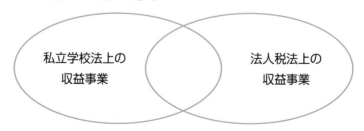

12−3　有価証券を購入したら

　有価証券とは、国債や社債、株式、投資信託などの金融商品です。取得時の仕訳は、借方「（大）資産運用支出（小）有価証券購入支出」、貸方「普通預金」等で処理します。貸借対照表では、期末日より1年を超えて保有する目的のものはその他の固定資産に、1年以内の保有目的のものは流動資産に、いずれも「有価証券」として表示します。有価証券を特定資産に含める資産として購入した場合の処理は基準等では明示されていませんが、借方を「（小）××特定資産繰入支出」とします。

●著しく低くなった場合の評価

　有価証券については、保有目的に関わらず取得価額で移動平均法（同じ銘柄の有価証券を取得するつど平均単価を求めて、その平均単価に数量を乗じる方法）によって貸借対照表に計上します。

　学校法人会計では、企業会計の「金融商品に関する会計基準」は適用されていません。そのため、上場株式等も毎期末の時価で評価はせず、有価証券の注記情報で対応しています（**17−4**参照）。

　ただし、時価が取得原価と比較して著しく低くなった場合には、その回復が認められる場合を除き、時価で評価します。支払資金は変動しませんから、事業活動収支でのみ借方「特別収支（大）資産処分差額（小）有価証券評価差額」、貸方「有価証券」という仕訳を記入します。

　なお、売却した場合は固定資産の売却（**11−2**、**11−3**参照）と同様に処理します。

CHECK

　★有価証券の評価▶基準25条、22高私参第11号通知「退職給与引当金の計上等に係る会計方針の統一について」1（2）　★時価が著しく低くなった場合▶基準27条

◆ 資産運用支出のイメージ図

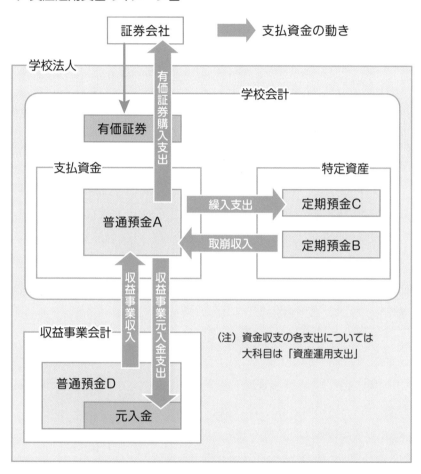

（仕訳例）退職給与引当特定資産として国債100を取得し普通預金から支払った。

	（借方）		（貸方）	
資金収支	退職給与引当特定資産繰入支出	100	普通預金	100
事業活動収支	退職給与引当特定資産	100	普通預金	100

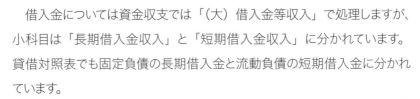

13-1　長期と短期の違い

　借入金については資金収支では「（大）借入金等収入」で処理しますが、小科目は「長期借入金収入」と「短期借入金収入」に分かれています。貸借対照表でも固定負債の長期借入金と流動負債の短期借入金に分かれています。

　まず、資金収支の収入ですが、今年度借り入れた借入金について、最終の返済期限が期末日から1年を超えて到来するものを長期借入金収入として計上します。1年以内であれば短期借入金収入として計上するわけです。学校債（返済を前提に保護者等から集めたお金）についても将来の返済義務がありますから、同じ「（大）借入金等収入」で計上されますが、小科目は長期、短期の例示科目はありません。

●返済支出の例示科目は長短なし

　なお、貸借対照表においては1年以内に返済予定のものを流動負債の「短期借入金」「1年以内償還予定学校債」、それ以外を固定負債の「長期借入金」「学校債」と区分して表示します。

　一方、返済時には「（大）借入金等返済支出」で処理しますが、収入と異なり長期、短期を区分した小科目は例示されていません。長期借入金も、貸借対照表日から1年以内の返済予定分は貸借対照表上短期借入金として計上されるため、返済支出においては通常、短期のものからの返済を想定しているからだと考えられます。

　また、借入金や学校債については、その借入に係る利息の支払も生じます。これについては「（大）借入金等利息支出」で、小科目を「借入金利息支出」「学校債利息支出」で処理します。

◆ 借入金等の収入科目

（大）借入金等収入	外部から負債として資金導入した収入
長期借入金収入	その期限が貸借対照表日後1年を超えて到来するものをいう。
短期借入金収入	その期限が貸借対照表日後1年以内に到来するものをいう。
学校債収入	学校債による入金

（注）事業活動収支では貸借対照表の増減となります。

◆ 借入金等の利息科目

（大）借入金等利息（支出）	借入金等の利息の支出
借入金利息（支出）	借入金の利息の支出
学校債利息（支出）	学校債の利息の支出

◆ 借入金等の返済科目

（大）借入金等返済支出	借入金等の元本部分の返済による支出
借入金返済支出	借入金返済の支出
学校債返済支出	学校債返済の支出

（注）事業活動収支では貸借対照表の増減となります。

（仕訳例）返還期到来の借入金5,000を利息50とともに普通預金で返済した。

	（借方）		（貸方）	
資金収支	借入金返済支出 借入金利息支出	5,000 50	普通預金	5,050
事業活動収支	短期借入金 借入金利息	5,000 50	普通預金	5,050

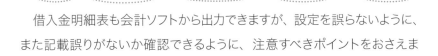

13-2　借入金明細表のつくり方

　借入金明細表も会計ソフトから出力できますが、設定を誤らないように、また記載誤りがないか確認できるように、注意すべきポイントをおさえましょう。

　まず、長期借入金と短期借入金に区分されます（**13-1** 参照）が、この「計」欄の期首、期末の残高は貸借対照表と一致します。

　次に、「期首残高」欄は前期の借入金明細表の「期末残高」欄や貸借対照表の前年度末残高に一致しているはずです。「当期増加額」欄は※印がないものについて資金収支の各収入と一致します。特に長期借入金、短期借入金の「計」欄は資金収支の小科目残高と一致しているはずです。また、「当期減少額」欄の「合計」欄は、※印がないものについて資金収支の小科目残高と一致しているはずです。「期末残高」欄は「計」欄がそれぞれ貸借対照表の本年度末残高と一致します。

● 1年以内に返済予定の長期借入金の記載

　続いて※印です。長期借入金のうち期末日から1年以内に分割返済期限が到来するものは、「返済期限が1年以内の長期借入金」に記載します。そのため、長期借入金の「当期減少額」欄と、短期借入金の「返済期限が1年以内の長期借入金」の「当期増加額」欄のそれぞれの金額の頭に※印を付してその関連を明確にします。長期借入金の期限前返済があった場合は※印と区分し、二段書き表示となります。

　利率、返済期限、摘要欄については前年度を踏襲しますが、変更がないか注意が必要です。

　なお、この借入金明細表は学校債については記載不要です。

◆ 借入金明細表の作成

借入金明細表
年4月1日から
年3月31日まで

「学校債」は記載不要

借入金の使途及び担保物件の種類を記載。脚注も可。

(単位 円)

	借入先	期首残高	当期増加額	当期減少額	期末残高	利率	返済期限	摘要
長期借入金	公的金融機関 日本私立学校振興・共済事業団	10,000,000	100,000,000	※20,000,000	90,000,000	0.80%	○年○月○日	建設資金 校地担保
	上段は期限前返済額。※印金額と区分して二段書き表示							
	小計	10,000,000	100,000,000	※20,000,000	90,000,000			
	市中金融機関 ○○銀行 ○○支店	10,000,000	50,000,000	10,000,000 ※10,000,000	40,000,000	1.10% ~4.20%	△年△月△日 ~▲年▲月▲日	建設資金 校地担保
	小計	10,000,000	50,000,000	10,000,000 ※10,000,000	40,000,000			
	その他							
	小計	0	0	0	0			
	計	20,000,000	150,000,000	10,000,000 ※30,000,000	130,000,000			
短期借入金	公的金融機関							
	小計	0		0				
	市中金融機関 ○○銀行 ○○支店	20,000,000	0	20,000,000	0	1.20%	－	運転資金 担保なし
	小計	20,000,000	0	20,000,000	0			
	その他							
	小計	0			0			
	返済期限が1年以内の長期借入金	20,000,000	※30,000,000	20,000,000	30,000,000			
	計	40,000,000	※30,000,000	40,000,000	30,000,000			
合計		60,000,000	150,000,000 ※30,000,000	50,000,000 ※30,000,000	160,000,000			

資金収支の長期借入金収入と一致

貸借対照表の長期借入金と一致

同一の借入先について複数の契約口数がある場合には、一括して利率、返済期限、借入金の使途、担保物件の種類について要約記載可。

資金収支と関係なし

当期末において、新たに返済期限が1年以内の長期借入金となった金額については、長期借入金の当期減少額欄（各借入先、小計、計、合計欄とも）及び短期借入金（返済期限が1年以内の長期借入金）の当期増加額欄（計、合計欄とも）のそれぞれの金額の頭に※印を付してその関連を明確にする。

資金収支の借入金返済支出と一致

貸借対照表の短期借入金と一致

第13章 お金を借りたとき

14-1　受取利息・配当金収入、雑収入

●受取利息・配当金収入とは

「(大) 受取利息・配当金収入」とは、銀行預金や国債、株式など金融資産の利息や配当金による収入です。事業活動収支においては教育活動外収支の区分に「(大) 受取利息・配当金」として表示されます。

このうち、奨学金や研究の基金として設定される第3号基本金（**18-6** 参照）に対応した第3号基本金引当特定資産からの利息等は、「(小) 第3号基本金引当特定資産運用収入」を用いてその旨を明確にします。

それ以外の利息、配当金は「(小) その他の受取利息・配当金（収入）」で処理します。

●さまざまなものがある雑収入

「(大) 雑収入」（事業活動収支も同科目名）とは、施設設備利用料収入、廃品売却収入その他学校法人の負債とならない上記の各収入以外の収入をいう、とされています。ここでいう上記とは、資金収支計算書の学生生徒等納付金収入から下に受取利息・配当金収入までを指します。右ページに東京都の例示している小科目を紹介しましたが、さまざまなものが雑収入となります。「(小) その他の雑収入」は、多額になる場合は特定事項を取り出して別科目を設けたりします。

また、過年度修正収入は、事業活動収支では特別収支の区分の「(大) その他の特別収入」に計上されます。

施設設備利用料収入は、例えば休日に校舎を模擬試験等の会場として貸したり、グラウンド等を野球やサッカーの試合に貸したりする場合が典型例です。

◆ 受取利息・配当金（収入）の区分

（大）受取利息・配当金（収入）	学校法人の所有する金融資産の運用による利息や配当金等
第3号基本金引当特定資産運用収入	第3号基本金引当特定資産の運用により生ずる収入をいう。
その他の受取利息・配当金（収入）	預金、貸付金等の利息、株式の配当金等をいい、第3号基本金引当特定資産運用収入を除く。

◆ 雑収入の区分

（大）雑収入	施設設備利用料収入、廃品売却収入その他学校法人の負債とならない上記の各収入以外の収入をいう。
施設設備利用料（収入）	都の例示参照
廃品売却収入	都の例示参照

（参考）東京都の例示している雑収入の小科目

・東京都私学財団交付金収入 … 東京都私学財団から退職金資金その他の交付を受けたときの収入をいう。

・施設設備利用料収入 ………… 所有する有形固定資産の賃貸による収入をいう。

・廃品売却収入 ………………… 消耗品等を売却したときの収入をいう。

・入学案内書頒布収入 ………… 入学案内書を販売したときの収入をいう。

・過年度修正収入 ……………… 前年度以前に計上した収入または支出の修正による資金収入をいう。

・その他の雑収入 ……………… 金額が多額になる場合は、特定事項を取り出して科目を設けるかまたは注記する。

14-2　とりあえず払ったら（仮払金）

　修学旅行の下見など、事前にどれぐらいの費用が発生するか明確でない業務もあります。その場合、必要と思われる費用の概算額をいったん仮払いし、業務が終了してから精算する場合があります。このような概算払い時に用いる科目を「(小) 仮払金支払支出」といいます。大科目はその額がそのまま学校法人の経費となるわけではないので「その他の支出」です。事業活動収支は貸借対照表の科目の増減だけです。

●支払時と精算時の処理

　修学旅行の下見のため、教員に概算旅費として100を現金で支払った場合の仕訳は以下の通りです。

	（借方）		（貸方）	
資金収支	仮払金支払支出	100	現金	100
事業活動収支	仮払金	100	現金	100

　業務が終了し精算時には、いったん全額戻してもらい、経費を改めて支払ったと考えます。仕訳は以下の通りです。収入の大科目は「その他の収入」です。事業活動収支は収入とはなりません。

	（借方）		（貸方）	
資金収支	現金	100	仮払金回収収入	100
	旅費交通費支出	80	現金	80
事業活動収支	旅費交通費	80	仮払金	100
	現金	20		

◆ 仕訳のイメージ

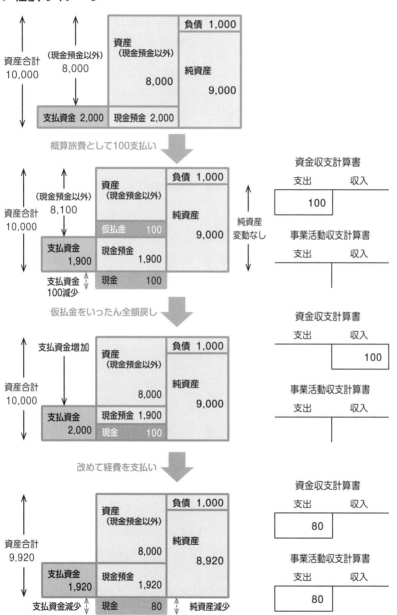

14-3　過年度修正額の会計処理

　過年度において計算書類に誤りがあり当年度において修正された場合は、「(大) 雑収入 (小) 過年度修正収入」または「(大) 管理経費支出 (小) 過年度修正支出」で処理（活動区分資金収支計算書ではその他の活動による資金収支）します。ただし、資金収支を伴わない場合は、もちろん資金収支で仕訳はありません。また、事業活動収支では特別収支の区分で「(大) その他の特別収入 (小) 過年度修正額」、「(大) その他の特別支出 (小) 過年度修正額」で処理します。いずれにしろ金額の多寡にかかわらず当該科目で計上します。

●資金収支を伴わない場合は

　資金収支を伴うものには、①過年度の給与や退職金計算の誤りを当年度に精算した場合、②過年度に未払金として計上するべきであった経費を当年度に支払った場合、③過年度に徴収不能額として処理した債権を当年度に回収した場合などが考えられます。

　資金収支を伴わないものには、過年度の減価償却額や退職給与引当金（繰入額）（**17-2** 参照）等の計算誤りを当年度に修正した場合などがあります。

　なお、補助金返還額は管理経費（支出）に計上します。過年度において一旦確定し収受しており、その一部に返還があったとしても返還命令決定通知に従ったものであり、過年度修正には該当しないからです。

　また、特別収支の他の科目は右ページの図で解説します。

CHECK

　★過年度修正額▶平成 25 年 9 月 2 日 25 高私参第 8 号 I-4、実務指針 45 号 2-5

◆ 過年度修正額の会計処理

資金収支計算書		事業活動収支計算書
収入の部 　雑収入（大科目） 　　過年度修正収入（小科目）	特別収支	事業活動収入の部 　その他の特別収入（大科目） 　　過年度修正額（小科目）
支出の部 　管理経費支出（大科目） 　　過年度修正支出（小科目）		事業活動支出の部 　その他の特別支出（大科目） 　　過年度修正額（小科目）

◆ 事業活動収支計算書の特別収支科目

収入	（大）資産売却差額	資産売却収入が当該資産の帳簿残高を超える場合のその超過額をいう。
	（大）その他の特別収入	
	施設設備寄付金	施設設備の拡充等のための寄付金をいう。
	現物寄付	施設設備の受贈額をいう。
	施設設備補助金	施設設備の拡充等のための補助金をいう。
	過年度修正額	前年度以前に計上した収入または支出の修正額で当年度の収入となるもの。
支出	（大）資産処分差額	資産の帳簿残高が当該資産の売却収入金額を超える場合のその超過額をいい、除却損又は廃棄損を含む。
	（大）その他の特別支出	
	災害損失	資産処分差額のうち災害によるもの。
	過年度修正額	前年度以前に計上した収入または支出の修正額で当年度の支出となるもの。

子ども・子育て支援新制度ってなに

　幼稚園については、①平成27年度からスタートした「子ども・子育て支援新制度」、②令和元年10月からスタートした幼児教育無償化により、会計処理が基準の科目等とは大きく異なります。

●幼稚園は補助金の種類を選択することに

　まず、右ページの下図Cですが、就学前の子どもに幼児教育・保育を提供する機能と地域における子育て支援を行う機能を備えて認定を受けた施設を「認定こども園」といいます。このうち幼稚園から幼保連携型へ移行する場合は新たな学校として認可を受けますが、幼稚園型の場合は幼稚園のまま認定を受けます。これら認定こども園については、①により施設型給付費という補助金を受けることになりました。

　また、従来幼稚園の補助金は他の学校と同じく経常費補助金（私学助成）でしたが、①により、従来型の私学助成か（A）、施設型給付費という補助金か（B）を選択することになりました。

●無償化により新制度から給付も

　さらに②により、私学助成を継続している幼稚園に対する幼児教育無償化による利用料の給付は、子ども・子育て支援新制度に新たに設けられた施設等利用費により行われることになりました。一方、施設型給付費を受けている幼稚園は基本的な保育について利用者の負担がなくなり、その分が施設型給付費に加算されて幼稚園に支給されます（**15-2**参照）。

CHECK
　★施設型給付費▶子ども・子育て支援法11条〜30条
　★施設等利用費▶子ども・子育て支援法30条の2〜30条の11

◆ 認定こども園の類型

幼保連携型	幼稚園的機能と保育所的機能の両方の機能を併せ持つ単一の施設として、認定こども園としての機能を果たすタイプ。
幼稚園型	認可幼稚園が、保育が必要な子どものための保育時間を確保するなど、保育所的な機能を備えて認定こども園としての機能を果たすタイプ。
保育所型	認可保育所が、保育が必要な子ども以外の子どもも受け入れるなど、幼稚園的な機能を備えることで認定こども園としての機能を果たすタイプ。
地方裁量型	認可保育所以外の保育機能施設等が、保育を必要とする子ども以外の子どもも受け入れるなど、幼稚園的機能を備えることで認定こども園の機能を果たすタイプ。

◆ 幼稚園と補助制度の関係

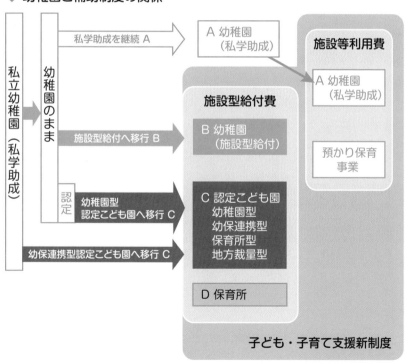

157

15-2　新制度園での収入科目

　施設型給付を選択した幼稚園は「新制度園」と呼ばれていますが、学校法人立の幼保連携型認定こども園（幼稚園と保育所が一体となったもの）を含め、新制度園の会計処理は、基準の科目と大きく異なります。

　まず、従来の入園料の性格付けが変わりました。従来の入園料のうち「入園の地位の対価」に相当するものは、新制度では認められません。ただし、入園やその準備、選考などに係る事務手続等に要する費用の対価については、「入園受入準備費収入」として徴収可能です。入園手続きを行った年度に収入計上します。

● 「地位の対価」の徴収はありえない

　従来の入園料の残りの額を、教育・保育の質向上の対価である「特定保育料」として徴収することはできますが、「地位の対価」ではないため入学辞退や途中退園の場合は相応の返金が必要です。

　また、保育料は私学助成園の徴収方法とは異なります。子ども1人あたりの教育・保育に通常要する費用を基に算定された公定価格が定められており、基本的な保育について利用者の負担はありません。この公定価格を上回る教育・保育の質向上を図る場合に、その対価として特定負担額を徴収する場合は「特定保育料」の科目で処理します。

　受け取る補助金については、原則として「（大）補助金収入（小）施設型給付費収入」で処理します。

CHECK

★従来の入園料の取扱い▶内閣府自治体向けＦＡＱ【第17.2版】No.381
★検定料▶内閣府自治体向けＦＡＱ【第17.2版】No.382

◆ 新制度園の科目

	大科目	小科目	備考
検定料	手数料収入	入学検定料収入	従来どおり、入学検定を行った年度で収入計上。
従来の入園料	手数料収入	入園受入準備費収入	入園やその準備、選考などに係る事務手続等に要する費用の対価。入園手続きを行った年度に収入計上。
	学生生徒等納付金収入	特定保育料収入	教育・保育の対価として徴収は可能。小科目に使途を示す費目を付記する場合は、「入園料」ではなく、具体的な費目を用いること。前受金処理（入園年度に収入計上）。
特定負担額	学生生徒等納付金収入	特定保育料収入	小科目には使途を示す費目を付記することも考えられる。例：特定保育料収入（施設整備費）など。
実費徴収	—	—	従来どおり、実費徴収の実態に応じて科目が選択される。
施設型給付費	補助金収入	施設型給付費収入	所轄庁（都道府県知事）の方針のもと、大科目を「学生生徒等納付金収入」として取り扱うことも可能。

◆ 新制度園の無償化後の利用料

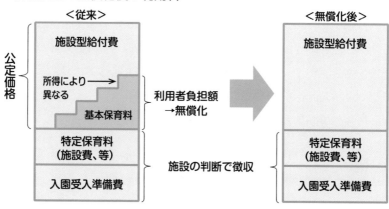

15-3　私学助成園での収入科目

　私学助成園の場合、令和元年10月にスタートした幼児教育無償化により、会計処理が複雑になりました。

　幼稚園の園児の利用料は入園料と保育料を対象に月額2.57万円を上限に無償化されました。ただし、無償化によって市町村が負担する「施設等利用費」の支給方法については、各市町村が「償還払い」(利用料を納付後支給する)か、「現物給付」(無償化分を徴収しない)かを選択することになっており、その支給方法によって会計処理も異なります。

●償還払いか法定代理受領かで処理が異なる

　まず、償還払いの場合は、利用者は幼稚園に利用料をいったん支払い、市町村に施設等利用費を請求、償還払いを受けることになります。この場合、利用者と市町村とのやりとりについて、幼稚園において会計処理は発生しないため、従来通りの利用料の受領の会計処理のみを行えばよいことになります。仮に幼稚園を通じて請求、支払いを受けた場合は、幼稚園は預り金として処理(現金預金××／預り金受入収入××)します。

　一方、法定代理受領の場合は、無償化による支給額である施設等利用費Aを上回る利用料Bを幼稚園が徴収し、施設等利用費Aを市町村に請求し受領します。この場合、大科目は「学生生徒等納付金収入」のままですが、補助金の交付であることを明確にする観点から、Aについては「(小)施設等利用給付費収入」で処理します。

CHECK
★私学助成(新制度未移行)幼稚園の会計処理 ▶ 無償化FAQ17-4

◆ 私学助成園での利用料の施設等利用費の処理

①利用料の償還払い（私学助成園）

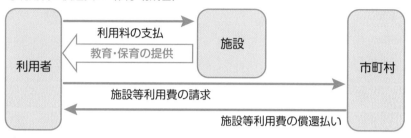

利用者は施設に利用料をいったん支払い、市町村に請求、償還払いを受ける

A：利用者と市町村とのやりとりについて、施設において会計処理は発生しない
　　（従来通りの利用料の受領の会計処理のみ）

B：施設を通じて請求、支払いを受けた場合、施設は預り金として処理
　　現金預金×× ／ 預り金受入収入××

②利用料の法定代理受領による現物給付（私学助成園）

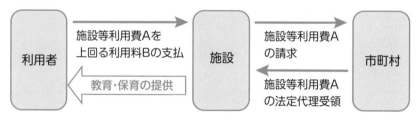

・A　無償化による支給額
・B　支給額を上回る利用料（保育料、入園料）　←　計算が必要
・Bのみを保護者から徴収し、Aを市町村から受領

　この場合、大科目は「学生生徒等納付金収入」のままだが、補助金の交付であることを明確にする観点からAについて特定の小科目を用いる（「施設型給付費収入」に対応させ「施設等利用給付費収入」）

15-4　預かり保育無償化の科目処理

　幼児教育無償化では、幼稚園の通常の保育時間以外にも預かり保育について、要件を満たした子どもの利用料を無償としています。ここでの要件は、①満3歳に達する日以後最初の3月31日を経過した小学校就学前の子どもで保育が必要なもの（施設等利用給付認定2号）、②満3歳に達する日以後最初の3月31日までの間にある小学校就学前の子どもで保育が必要な市町村民税非課税世帯の子ども（施設等利用給付認定3号）のいずれかです。

●法定代理受領選択の市町村も

　無償化の支給方法については、新制度移行幼稚園や認定子ども園であっても、私学助成幼稚園であっても各市町村において償還払いか法定代理受領を選択することになっています。預かり保育ではその利用実績日数に応じて支給されるため、償還払いの選択が一般的と考えられますが、法定代理受領を選択した市町村も実際にあります。

　会計処理については、償還払いでは仮に幼稚園を通じて請求、支払いを受けた場合であっても幼稚園は預り金として処理すればよく、特に面倒な会計処理は発生しません。しかし、法定代理受領の場合は、その額を「（大）付随事業・収益事業収入（小）施設等利用給付費収入」で処理し、施設等利用給付を上回る利用料の徴収分は従来通りの科目で処理することになります。

CHECK

★預かり保育の無償化対象 ▶子ども・子育て支援法30条の4・2号、3号
★預かり保育事業の会計処理 ▶無償化FAQ17-6

◆ 預かり保育の施設等利用費の処理

①預かり保育の償還払い（新制度園、私学助成園）

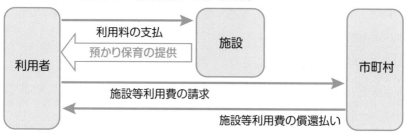

利用者は施設に利用料をいったん支払い、市町村に請求、償還払いを受ける

A：利用者と市町村とのやりとりについて、施設において会計処理は発生しない
　（従来通りの利用料の受領の会計処理のみ）

B：施設を通じて請求、支払いを受けた場合、施設は預り金として処理
　現金預金×× ／ 預り金受入収入××

②預かり保育の法定代理受領（新制度園、私学助成園）

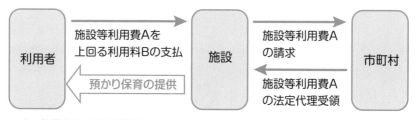

・A　無償化による支給額
・B　支給額を上回る預かり保育利用料　←　計算が必要
・Bのみを保護者から徴収し、Aを市町村から受領

この場合、大科目は「付随事業・収益事業収入」のままだが、補助金の交付であることを明確にする観点からAについて特定の小科目を用いる（「施設型給付費収入」に対応させ「施設等利用給付費収入」）

16-1 資金収支調整勘定ってなに①

　資金収支調整勘定とは、支払資金の動きに合わせて資金収支計算をする一方で、その支払資金に対応する諸活動が行われた年度にその収支を計上するためのものです。

　単式簿記の収支計算なら、どの年度（前年度、当年度、翌年度）の授業料かにはこだわらず、当年度入金の授業料をすべて授業料収入として計上すればよいようにも思われます。しかし、学校法人会計では、どの年度の活動に対応する収入なのか（期間帰属）について区分を求めています。支出についても同様です。具体的には、「前受金」「未収入金」「前払金」「未払金」という科目についてどの年度の活動に対応する収入あるいは支出なのかを示して、当年度の諸活動と資金の出入りの調整をしています。

●当年度に入金していないものも収入計上

　右ページの図で、①は当年度の諸活動で当年度に入出金、④は前年度以前の諸活動で当年度に入出金、⑤は翌年度以降の諸活動で当年度に入出金したものです。これらは支払資金が増減していますから資金収支において日々の仕訳が行われています。一方で、②は当年度の諸活動で前年度以前に入出金、③は当年度の諸活動で翌年度以降に入出金したものです。②は前年度の資金収支に入出金として、③は翌年度以降に資金収支の入出金として仕訳されることになるはずです。しかし、②については当年度の活動に対応する収入が「前期末前受金」として入金済みであること、③は当年度の活動に対応する収入が「期末未収入金」として未入金であることも表示しています。支出についても同様です。

◆ **資金収支調整勘定のイメージ**

		資金の動き		
		前年度以前	当年度に入出金	翌年度以降
諸活動の実施時期	前年度以前	⟶	④	
	当年度に実施	⟵ ②	⟶ ①	③
	翌年度以降		⑤ ⟶	

〈諸活動〉　　〈資金の状況〉　　　　　　　　　　〈仕訳〉

[授業を行った]
→ ①現金で受け入れた　　　　　　　現金／授業料収入
→ ②前年度、既に入金している　　　前期末前受金／授業料収入
→ ③まだ入金していない　　　　　　期末未収入金／授業料収入
　　④前年度の授業料が入金した　　　現金／前期末未収入金収入
　　⑤翌年度の授業料が入金した　　　現金／授業料前受金収入

〈諸活動〉　　〈資金の状況〉　　　　　　　　　　〈仕訳〉

[事務用品を購入した]
→ ①現金で支払った　　　　　　　　消耗品費支出／現金
→ ②前年度、既に支払った　　　　　消耗品費支出／前期末前払金
→ ③まだ支払っていない　　　　　　消耗品費支出／期末未払金
　　④前年度の用品代を支払った　　　前期末未払金支出／現金
　　⑤翌年度納品の用品代を支払った　前払金支払支出／現金

16-2　資金収支調整勘定ってなに②

　まず、前受金についてみてみましょう。X1 年度に翌年度の入学予定者から入学金 3,000 が現金で納付されました。現金が増加していますから資金収支では借方が現金 3,000、貸方が「（大）前受金収入（小）入学金前受収入」です。事業活動収支では資産の増加と負債の増加が同額ですから純資産の増減はなく貸借対照表の科目残高の増加のみです。

●支払資金増減なくとも収入認識

　次に翌年度 X2 年度です。支払資金の増減はありませんから、資金収支計算では本来仕訳が不要のはずです。しかし、入学金の収入 3,000 は当年度の活動（入学）に対応するものであることを示すために、貸方に入学金収入 3,000 を計上します。貸借一致の原則（3-7 参照）から借方には資金収入調整勘定として前期末前受金 3,000 を計上（仕訳）します。

　このまま、資金収支計算書に転記するならば、収入の部には当年度に入金していない入学金収入 3,000 が計上され、収入の部の額が過大になってしまいます。そこで資金収支計算書では、この前期末前受金を収入の部の控除科目として記載するためにマイナスを表す△印を用いて△3,000 と表示し、入学金収入として計上した 3,000 と、結果として相殺させることになります。なお、会計ソフトでは先ほどの仕訳で自動的に資金収支計算書の収入の部に△ 3,000 と表示されることになります。

　もし仮に X2 年度において、この「前期末前受金 3,000 ／入学金収入 3,000」以外の仕訳がなければ、右ページの X2 年度図のようになり、資金収支計算書の収入の部において支払資金の増減はゼロのままであり、実際の支払資金の増減に一致します。

◆ 前受金

X1年度　資金収支
2／15　翌年度の入学金を受け取った

| 現金 | 3,000 | 入学金前受金収入 | 3,000 |

事業活動収支

| 現金 | 3,000 | 前受金 | 3,000 |

X2年度　資金収支
4／1　当該科目に振替

| 前期末前受金 | 3,000 | 入学金収入 | 3,000 |

| | 前期末前受金 | △3,000 |

事業活動収支

| 前受金 | 3,000 | 入学金 | 3,000 |

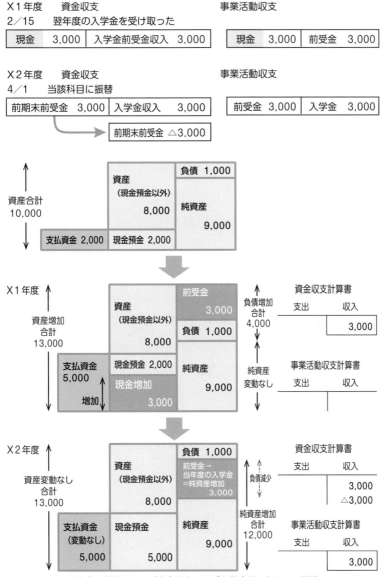

支払資金の増減はないが資金収支でも「入学金収入」として認識
→支払資金の増加はないのだから「前期末前受金」を用いる

16-3　資金収支調整勘定ってなに③

　次に前払金です。X1 年度に翌年度納品予定の図書の代金 1,000 を現金で前払いしました。現金が減少していますから資金収支では借方が「（大）その他の支出（小）前払金支払支出」、貸方が現金 1,000 と仕訳します。事業活動収支では現金という資産が前払金という同額の資産に交換されただけですから純資産の増減はなく貸借対照表の科目（前払金と現金）残高の増加のみです。

●支払資金増減なくとも支出認識

　次に翌年度 X2 年度です。支払資金の増減はありませんから、資金収支計算では本来仕訳が不要のはずです。しかし、図書の支出 1,000 は当年度の活動（図書の取得）に対応するものであることを示すために、借方に図書支出 1,000 を計上します。貸借一致の原則から貸方には資金支出調整勘定として前期末前払金 1,000 を計上します。

　このまま、資金収支計算書に転記するならば、支出の部には当年度に出金していない図書支出 1,000 が計上され、支出の部の額が過大になってしまいます。そこで資金収支計算書では、この前期末前払金を支出の部の控除科目として記載するためにマイナスを表す△印を用いて△ 1,000 と表示し、図書支出として計上した 1,000 と、この前期末前払金△ 1,000 を結果として相殺させることになります。

　もし仮にこの「図書支出 1,000 ／前期末前払金 1,000」以外の仕訳がなければ、右ページの X2 年度の図のようになり、資金収支計算書の支出の部において支払資金の増減はゼロのままであり、実際の支払資金の増減ゼロに一致します。

◆ 前払金

X1年度　　資金収支
3／15　　図書代金を前払いした

| 前払金支払支出 | 1,000 | 現金 | 1,000 |

事業活動収支

| 前払金 | 1,000 | 現金 | 1,000 |

X2年度　　資金収支
4／30　　当該科目に振替

| 図書支出 | 1,000 | 前期末前払金 | 1,000 |

| 前期末前払金 | △1,000 |

事業活動収支

| 図書 | 1,000 | 前払金 | 1,000 |

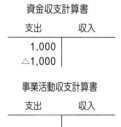

資金収支調整勘定ってなに④

　次に、未収入金です。X1 年度の授業料 1,000 が期末においても未入金のままです。支払資金の収入（入金）がないのであれば資金収支の仕訳は発生しないはずですが、未入金であっても当年度の活動に対応する収入ですから、翌年度以降に支払資金として収入されるものも当年度の収入として認識してやります。

　資金収支では借方が資金収入調整勘定の期末未収入金 1,000、貸方が授業料収入 1,000 です。事業活動収支では未収入金という資産の増加と授業料という収入（収益）の発生です。

●支払資金増減なくとも収入認識

　このまま、資金収支計算書に転記するならば、収入の部には当年度に入金していない授業料収入 1,000 が計上され、収入の部の額が過大になってしまいます。そこで資金収支計算書では、この期末未収入金を収入の部の控除科目として記載するためにマイナスを表す△印を用いて△1,000 と表示し、授業料収入として計上した 1,000 と、結果として相殺させることになります。

　他に仕訳がなければ右ページの X1 年度の図のようになり、資金収支計算書の収入の部において支払資金の増減はゼロのままであり、実際の支払資金の増減に一致します。

　次に翌年度 X2 年度です。前年度の授業料が入金し支払資金の増加があるので、「（大）その他の収入（小）前期末未収入金収入」として認識します。事業活動収支では未収入金という資産が現金という資産に交換されただけですから収入（収益）には計上されません。

◆ 未収入金

X1年度　　資金収支
3／31　　未納付の授業料を計上した

期末未収入金	1,000	授業料収入	1,000

事業活動収支

未収入金 1,000	授業料 1,000

	期末未収入金 △1,000

X2年度　　資金収支
4／15　　授業料が納入された

現金	1,000	前期末未収入金収入	1,000

事業活動収支

現金	1,000	未収入金	1,000

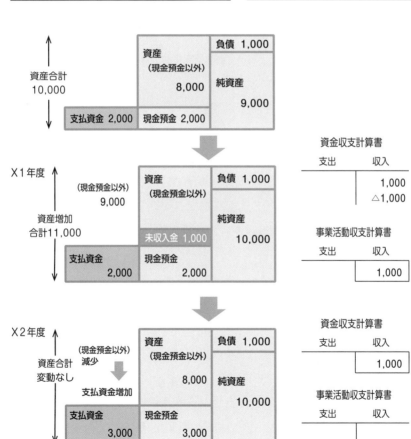

資金収支計算書

支出	収入
	1,000
	△1,000

事業活動収支計算書

支出	収入
	1,000

資金収支計算書

支出	収入
	1,000

事業活動収支計算書

支出	収入

16-5 資金収支調整勘定ってなに⑤

　最後に、未払金です。X1年度の消耗品費1,000が期末において未払いです。支払資金の支出（出金）がないのであれば資金収支の仕訳は発生しないはずですが、当年度の活動に対応する支出ですから翌年度以降に支払資金として支出されるものも当年度の支出として認識してあげます。

　資金収支では借方が消耗品費支出1,000、貸方が資金支出調整勘定の期末未払金1,000です。事業活動収支では消耗品費という支出（費用）の発生と未払金という負債の増加です。

●支払資金増減なくとも支出認識

　このまま、資金収支計算書に転記するならば、支出の部には当年度に出金していない消耗品費支出1,000が計上され、支出の部の額が過大になってしまいます。そこで資金収支計算書では、この期末未払金を支出の部の控除科目として記載するためにマイナスを表す△印を用いて△1,000と表示し、消耗品費支出として計上した1,000と、結果として相殺させることになります。

　他に仕訳がなければ右ページのX1年度の図のような資金収支計算書になり、支出の部において支払資金の増減はゼロのままであり、実際の支払資金の増減に一致します。

　次に翌年度X2年度です。前年度の消耗品費の未払金を支払ったことにより支払資金の減少があるので、「（大）その他の支出（小）前期末未払金支払支出」として認識し、資金収支計算書に支出計上されます。事業活動収支では負債の減少に伴い同額の資産が減少しただけですから支出（費用）には計上されません。

◆ 未払金

X1年度　資金収支
3／31　請求書に基づき計上

消耗品費支出　1,000	期末未払金　1,000

期末未払金　△1,000

事業活動収支

消耗品費　1,000	未払金　1,000

X2年度　資金収支
4／30　支払いを行った

前期末未払金支払支出　1,000	現金　1,000

事業活動収支

未払金　1,000	現金　1,000

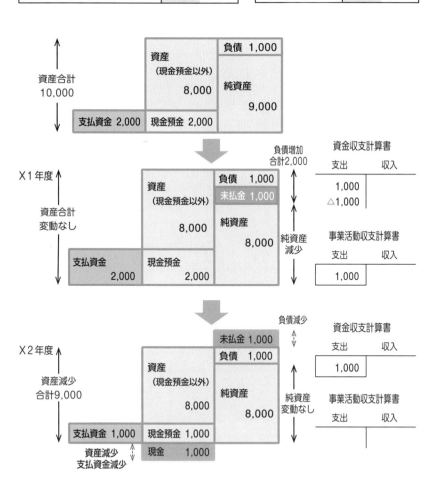

第 **3** 編

決算での処理・税金の取り扱い

17-1　資産、負債は本当に存在しているの

●資金取引仕訳及び残高の見直し

決算の進め方は学校法人によって様々ですが、一般的な流れをみてみましょう。まず①資金収支の仕訳入力で入力漏れがないかの確認、②各科目残高に誤りがないかの確認を進めていきます。

預貯金については残高証明書を入手するか、通帳記帳やネットバンキングの入出金明細を出力し、期末日の帳簿残高と照合します。不一致の場合には原因を調査する必要があります。現金については期末日の現金について実際に保管している金種別の紙幣枚数等を記入した金種表と帳簿残高の一致を確かめます。

未収入金、貸付金等は相手先別内訳明細を作成し、残高等に誤りがないかを確かめます。借入金については残高証明書を入手するか、返済予定表等を用いて帳簿残高と照合し、不一致の場合には原因を調査します。

●預り金の返金漏れはないか

注意したいのは預り金です。内容別内訳明細を作成し、残高に誤りがないか、相手先が不明なものはないか等を確かめます。学校の収入とすべきものが預り金のままになっているものはないか、返金漏れ、納付漏れとなっているものはないかという観点でチェックする必要があります。また、期末日までに精算が間に合わなかった仮払金や立替金の確認、仮受金の内容の調査等を進める必要があります。

他にも、機器備品や貯蔵品などの棚卸しあるいは現物確認を行い、学校の資産が管理台帳通りにあることを確かめる必要もあります。もし、なければその原因を解明し適切に処理する必要があります。

◆ 資料と帳簿残高の一致を確認する

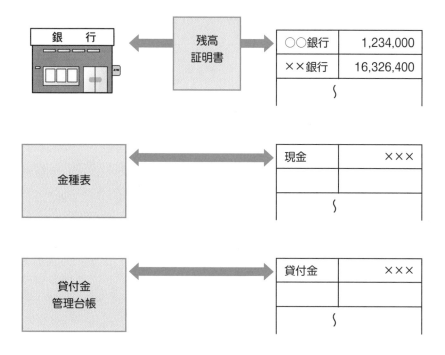

○○銀行	1,234,000
××銀行	16,326,400

現金	×××

貸付金	×××

預り金内容別内訳明細

給与源泉所得税	444,444	← 給与台帳とチェックする
住民税	222,222	← 給与台帳とチェックする
○山○夫（退学により返金予定額）	50,000	← 学納金管理台帳とチェックする
PTA	333,333	← PTA名義の通帳とチェックする※
〜	〜	

※PTAの金銭を学校が管理し預り金計上している場合

177

退職金はいくらになるの

　教職員が学校法人を退職した場合退職金が支払われます。退職金は勤務継続に伴う給与の後払いの性格があります。そのため、毎年の決算において期末の在籍教職員について、仮に期末に退職するとしたらどれだけの退職金が必要となるのかを計算し、学校法人の将来支払義務の額を明らかにします。その将来支払義務のうち学校法人が用意しておくべき額が「退職給与引当金」であり、貸借対照表の固定負債の欄に計上します。

●大学とそれ以外では異なる計算

　退職給与引当金の計算は、まず退職金規程に基づき、期末に退職した場合に退職金が支払われる教職員一人一人について退職金を計算します。この計算額を当期末要支給額といいます。一方、退職金の支払に備えるため、学校法人が支出した掛金を運用し退職資金を用意する退職金団体に多くの学校法人が加入しています。高校以下の所属の教職員は、この当期末要支給額と都道府県単位の退職金団体からの交付金額とを比較し、交付金額を上回る額が退職給与引当金として計上されます。

　一方、大学の教職員が加入している私立大学退職金財団については、教職員全体で計算します。ポイントは、右ページの図のように私立大学退職金財団に対する掛金累積額から交付金累積額を控除した額 300 を当期末要支給額 10,000 から控除することです。この控除後の額が必要な退職給与引当金の額 9,700 となります。一方、前期末の引当金計上額から当期に取崩して退職金にあてた額を控除した結果残額は 9,000 です。9,700 との差額 700 が当期の退職給与引当金繰入額として事業活動収支に計上されます（支払資金の増減はないので資金収支はありません）。

◆ 都道府県の退職金社団の場合

退職金社団からの交付金より期末要支給額が大きい場合

退職金社団からの交付金　　　7,000	退職給与引当金　　　　　　　3,000

当期末要支給額　　　10,000
（対象者が当期末に辞めた場合、対象者に支払われる退職金総額）
＊上記の3,000と繰入前の引当金残高との差額が繰入額となります

退職金社団からの交付金と期末要支給額が同額の場合

退職金社団からの交付金　　　　10,000

当期末要支給額　　　10,000
＊退職給与引当金は計上されません

◆ 私立大学退職金財団の場合

前期末引当金計上額 　　－　当期末引当金取崩額 　　　　9,000	掛金累積額 － 交付金累積額　300
	退職給与引当金繰入額　　　　700

当期末要支給額　　　10,000
（対象者が当期末に辞めた場合、対象者に支払われる退職金総額）
＊網掛け部分が退職給与引当金　　9,700

（仕訳例）期末要支給額に基づき 700 を繰り入れた。

	（借方）	（貸方）
資金収支	なし	なし
事業活動収支	（教育活動収支） 人件費 　退職給与引当金繰入額　700	退職給与引当金　　700

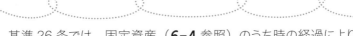

17-3　減価償却ってなに

　基準 26 条では、固定資産（**6-4** 参照）のうち時の経過によりその価値を減少するものについては減価償却を行うとし、その方法は定額法と定めています。計算式は、「（取得価額－残存価額）÷耐用年数＝当年度の償却額」です。このうち残存価額とは固定資産が使用に耐えなくなった時点での残っている価値をいい、耐用年数とはその固定資産の使用に耐える年数です。いずれも個々の資産ごとに学校法人が合理的に決定します。ただし、残存価額をゼロとし最終年度に 1 円等の備忘価額を付す方法（右ページ下図）や、耐用年数を財務省令や委員会報告 28 号の耐用年数表によっている場合も妥当な会計処理として認められます。

●様々な例外規定がある減価償却

　会計年度の中途で取得した資産については、その減価償却額は原則、取得年度で月割計算ですが、月割計算結果と金額的に大きな差がない場合、①取得年度は年額の 2 分の 1、②取得年度は償却せず、翌年度から償却、③取得年度に年額分償却の方法も認められています。

　機器備品（主として机、椅子等）について、取得年度ごとに同一耐用年数のものをグループ化し一括して毎年度償却をし、耐用年数の最終年度に現物の有無にかかわらず会計上はすべてゼロにする方法（グループ償却）も認められています。なお、東京都のように残存価額や備忘価額、グループ償却の開始時期を指定している所轄庁もあります。

　また、図書については時の経過によって価値が減少するとはいえないため減価償却を行わないのが原則ですが、除却による経理が困難なときは総合償却（グループ償却）という処理が認められています。

◆ 減価償却のイメージ

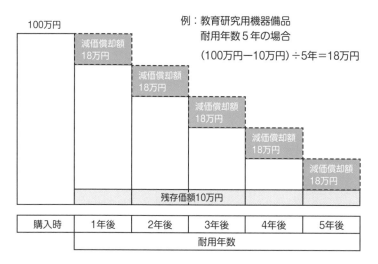

100万円

例：教育研究用機器備品
耐用年数５年の場合

（100万円－10万円）÷5年＝18万円

減価償却額 18万円
減価償却額 18万円
減価償却額 18万円
減価償却額 18万円
減価償却額 18万円

残存価額10万円

購入時	1年後	2年後	3年後	4年後	5年後
耐用年数					

残存価額ゼロの場合

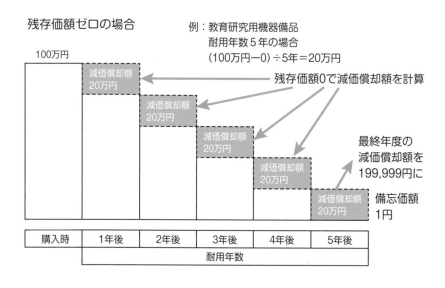

100万円

例：教育研究用機器備品
耐用年数５年の場合
（100万円－0）÷5年＝20万円

減価償却額 20万円 ← 残存価額0で減価償却額を計算

減価償却額 20万円

減価償却額 20万円

減価償却額 20万円

最終年度の
減価償却額を
199,999円に

減価償却額 20万円 備忘価額 1円

購入時	1年後	2年後	3年後	4年後	5年後
耐用年数					

17-4　注記は8項目

　基準は以下の8項目の注記事項について貸借対照表の末尾に記載することを求めています。①重要な会計方針、②重要な会計方針の変更等、③減価償却額の累計額の合計額、④徴収不能引当金の合計額、⑤担保に供されている資産の種類及び額、⑥翌年度以後の会計年度において基本金への組入れを行うこととなる金額、⑦当該会計年度の末日において第4号基本金に相当する資金を有していない場合のその旨と対策、⑧その他財政及び経営の状況を正確に判断するために必要な事項　です。

●該当するものがなくても必ず記載します

　これら8項目については、仮に該当するものがない場合においても、記載を省略せずに、その項目の標題と該当がない旨を記載します。

　①については、徴収不能引当金と退職給与引当金について必ず記載します。③については、固定資産明細表の減価償却額の累計額欄の合計と一致します。④については、①の重要な方針とは別に記載します。⑥については、基本金明細表の未組入高欄の当期末残高に一致しています。また、未組入高がない場合には、その旨を記載します。⑦については、該当する学校法人は少ないと思いますし、標題が「有していない場合」のため、有していれば記載不要のようにも読めますが、やはり該当しない旨を必ず記載します。該当しない場合の他、それぞれの場合の記載例は右ページのとおりです。⑧はその事項が重要な場合に記載するのですが、主な事項は右ページの通りです。

CHECK
　★重要な会計方針等の記載方法 ▶ 基準 34 条
　★注記事項記載例 ▶ 25 高私参第 8 号別添

◆ ⑦の記載例

当該会計年度の末日において、第４号基本金に相当する資金を
有していない場合のその旨と対策

（例１　該当しない場合）

> 第４号基本金に相当する資金を有しており、該当しない。

（例２　該当する場合）

> 第４号基本金に相当する資金を以下のとおり有していない。
>   第４号基本金　　　　　×××円
>   資金
>   現金預金　　　　　　　×××円
>   有価証券（※）　　　　×××円
>   計　　　　　　　　×××円
>   ※有価証券は現金預金に類する金融商品である。
>
> 現在、主要な債権者である○○等と協議の上、令和○○年度から令和○○年度
> までの経営改善計画を作成し、○○等の経営改善に向けた活動を行っている。

（例３　第４号基本金の組入れがない知事所轄法人の注記）

> 学校法人会計基準第39条の規定により、第４号基本金の組入れはない。

◆ その他財政及び経営の状況を正確に判断するために必要な事項の例

> 1. 有価証券の時価情報
> 2. デリバティブ取引
> 3. 学校法人の出資による会社に係る事項
> 4. 主な外貨建資産・負債
> 5. 偶発債務
> 6. 通常の賃貸借取引に係る方法に準じた会計処理を行っている所有権
>   移転外ファイナンス・リース取引
> 7. 純額で表示した補助活動に係る収支
> 8. 関連当事者との取引
> 9. 後発事象
> 10. 学校法人間の取引 等

18-1 基本金ってなに①

　学校法人会計では、学校法人を永続的に運営していけるように「基本金」という制度を設けています（基準29条）。設置する学校を運営していくために必要な資産のうち、計画に基づいて継続的に保持していく資産について一定の方式に基づいて計算した額を基本金といいます。その種別が基準30条1項の1号から4号に規定されていることから、第1号基本金〜第4号基本金といい、簡単に説明すると以下のような内容です。

● 4種類ある基本金

　第1号基本金とは、校地校舎や教室の机、椅子など学校法人を運営していくうえで基本的に必要な固定資産の取得額を基にした計算額です。第2号基本金とは、将来の第1号基本金の対象となる固定資産の取得を計画している場合に事前に基本金として用意しておく額です。第3号基本金とは、奨学金や国際交流などに用いるための原資である基金の設定額です。第4号基本金とは、1か月分の運転資金相当額であり、文部科学大臣の定めた計算方法による額です。

　各計算方法は後述しますが、基本金を設定することを「組入れ」といいます。この組入れによって支払資金が変動するわけではないので、仕訳は事業活動収支のみです。事業活動収入から事業活動支出を控除したものを「基本金組入前当年度収支差額」といい、この基本金組入前当年度収支差額から「基本金組入額」として計算した額を控除したものが「当年度収支差額」となります。決算仕訳として、「（借方）基本金組入額（貸方）第〇号基本金」と処理し、基本金自体は貸借対照表の純資産の部に計上されます。また、「基本金明細表」（18-5参照）も作成します。

◆ 基本金の計上

純資産の部			
科目	本年度末	前年度末	増減
基本金			
第1号基本金			
第2号基本金			
第3号基本金			
第4号基本金			
繰越収支差額			
翌年度繰越収支差額			
純資産の部合計			
負債及び純資産の部合計			

> 基本金は貸借対照表の純資産の部に計上される

◆ 事業活動収支計算書の表示

		科目	予算	決算	差異
		〜〜〜〜〜	〜〜〜〜〜	〜〜〜〜〜	〜〜〜〜〜
		特別収支差額			
		〔予備費〕	( )		
		基本金組入前当年度収支差額			
		基本金組入額合計	△	△	
		当年度収支差額			
		前年度繰越収支差額			
		基本金取崩額			
		翌年度繰越収支差額			

18-2　基本金ってなに②

●学校法人会計を難解にしている基本金

基本金について、「会社の資本金のようなもの」という説明がされる場合もあります。もちろん学校法人の財政基盤となるという意味で、事業を始めようとするときに必要な「元手」ではあるのですが、性格はまったく異なります。基本金の定義等は後回しにして、学校法人を設立した場合と会社設立との相違をイメージしてみましょう。

まず学校法人の場合です。現金で寄付金 10,000 を受け入れ、土地 3,000、建物 4,000、教育研究用機器備品（教備）900、管理用機器備品（管備）100 の計 8,000 を取得し、すべて支払いました。また、人件費 300 を支払いましたが、教育研究経費 50 と管理経費 150 は未払いです。なお減価償却額は考慮しません。

●貸借対照表をみてみると

この時点で決算を迎えたらどうなるでしょうか。事業活動収支では収入が 10,000、支出が 300、50、150 で 500 です。収入から支出を控除した基本金組入前当年度収支差額は 9,500 です。ここから基本金を組入れるのですが、取得した資産はいずれも学校法人が教育活動を行うにあたって必要な資産であり将来にわたって保有する予定のものです。そういった資産については基本金の対象資産とし、その取得額を基本金の額とします。資産の合計額は 8,000 ですから、基本金の組入額 8,000 となります。

結果は右ページの図のようになり、繰越収支差額は 1,500 ですが、純資産は基本金と繰越収支差額の合計 9,500 です。では、会社の場合はどうなるのでしょうか。

◆ 基本金は資本金とは異なる

事業活動収支				
教育活動収支			教育活動収支	
	人件費	300	寄付金 10,000	
	教育研究経費	50		
	管理経費	150		
基本金組入前 当年度収支差額	基本金組入額 8,000			
	当年度収支差額 1,500			

寄付者 寄付者

貸借対照表				
資産			負債	
	土地	3,000	未払金	200
	建物	4,000		
	教備	900	純資産 基本金	8,000
	管備	100		
	現金預金	1,700※	繰越収支差額	1,500
合計		9,700	合計	9,700

※現金預金の残高

寄付	10,000
固定資産取得	△8,000
人件費	△ 300
残高	1,700

18−3　基本金ってなに③

　英会話学校運営の会社を資本金 10,000 で設立した場合をみてみましょう。条件は **18-2** と同じです。学校法人の場合受け入れた 10,000 は寄付金であり収入（収益）でした。しかし、会社の場合は株主が出資した資本金ですから、将来減資等の方法で株主が返還を受けることも可能であり、収入（収益）ではありません。その結果、損益計算書に収入（収益）計上はないため、かかった費用の分だけ損失が発生しています。

●学校法人の純資産に所有者はいない

　一方、貸借対照表の資産、負債は学校法人の場合とまったく同じですから、資産から負債を控除した結果の純資産の金額も学校法人と同額です。異なるのは純資産の内容です。株式会社の純資産は株主のものであり、出資額に応じた所有権があります。個人事業の元入金も事業主のものです。一方、学校法人の純資産に所有者や持分というものはありません。たとえ、学校法人設立時に必要な資金全額を寄付した創立者がいたとしても、学校法人が設立された後は、学校法人の純資産は創立者のものではないのです。

　また、資本金は原則として株主からの出資であり金額は確定しています。一方、基本金はどうでしょうか、教育研究用機器備品の取得を 100 増やせば対象資産の増加により基本金も 100 増えます。また、取得を翌年度に変更すればその分だけ基本金は減ります。基本金は、学校法人がその運営をしていくために必要とされる額からの計算額といえます。

　株主の出資と学校法人の設立時の寄付は、少なくとも所有という意味では大きく異なるのです。

◆ 会社の場合

損益計算書			
販管費		当期損失	500
人件費	300		
教育研究経費	50		
管理経費	150		

貸借対照表				
資産		負債		
土地	3,000		未払金	200
建物	4,000			
教備	900	純資産	資本金	10,000
管備	100			
現金預金	1,700※		繰越利益剰余金	△500
合計	9,700	合計		9,700

出資 ← 株主

※現金預金の残高

寄付	10,000
固定資産取得	△8,000
人件費	△　300
残高	1,700

18-4　基本金の組入れ①

●第1号基本金の対象資産

　それでは、第1号基本金からみていきましょう。第1号基本金は、学校法人が設立当初に取得した固定資産で教育の用に供されるものの価額または新たな学校の設置もしくは既設の学校の規模の拡大もしくは教育の充実向上のために取得した固定資産の価額とされています。要するに、将来に渡って教育活動を行っていくために取得した固定資産について、その価額を基本金として計上するということです。

　対象となるのは土地や建物といった有形固定資産のほかに、その他の固定資産の電話加入権やソフトウエアといったものです。固定資産のうち①特定資産、②有価証券等投資目的のものは対象にはなりません。また、一時的に保有しているだけであればたとえ有形固定資産でも対象とならない場合もあり得ます。

　右ページ下図のように第1号基本金は固定資産と結びついていますが、貸借対照表上の固定資産計上額は減価償却後の簿価で計上されています。基本金の額は取得価額であるため、貸借対照表の計上額と金額が一致するわけではありません。

　第1号から第3号までの基本金の組入れ計算は設置校（部門）ごとに行うことが原則です。ただし、資産の共用などの理由から学校法人全体で組入れ計算することも認められています。一方、第4号基本金は原則として学校法人全体で計算されます。

　なお、組入れ内容については基本金明細表に表示（第1号については科目ごと）します。

190

◆ 第1号基本金のイメージ

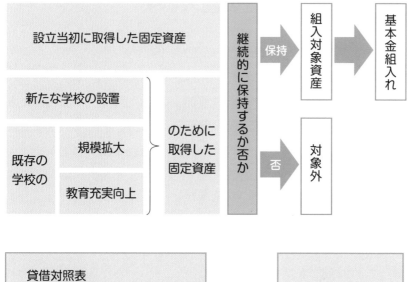

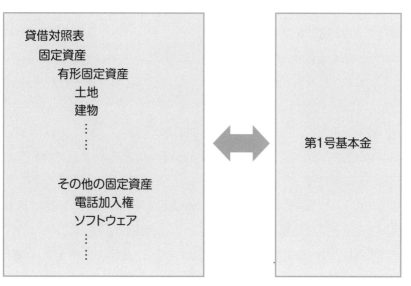

18−5　基本金の組入れ②

　第１号基本金について注意が必要なのが、「要組入高」「組入高」「未組入高」の関係です。右図のように要組入高とは、基本金対象資産の取得価額です。このうち、自己資金で取得した額を組入高とし、基本金対象資産取得にかかる借入金や未払金という自己資金以外の分を未組入高とします。組入れできるのは自己資金分だけです。未組入高については、対象の未払金を支払ったり借入金を返済したりした年度において組入れを行うことになります。ただし、借入金で未払金を支払った場合や借入金を借り換えた場合には、組入れをすることはできません。

●組入れ対象額を把握する

　また、基本金については、組入れの他に基本金を減少させる「取崩し」もあります。取得資産の価額で組入れ対象となる額（組入れ対象額）、除却等の減少資産の取崩し対象となる額（取崩し対象額）について、二つの対象額のどちらが多いかで「組入れ」か「取崩し」かが決まります。

　いったん基本金に組入れた固定資産も時の経過によって建て替え等の取替更新時期がきます。取替更新時には例えば取り壊す旧体育館と新体育館のように、個々の資産ごとに、元の資産と新たな資産の取得価額を比べて要組入高の増減を判断します。一方、機器備品や図書については、その年度において取得したものと除却したものを一括して要組入高の増減の判断を行います。

CHECK

　★基本金の組入れ▶研究報告 15 号「基本金に係る実務上の取り扱いに関する Q&A」
　　　　　　　　　▶学校法人委員会研究資料１号「学校法人会計基準改正に伴う相談回答事例」Q1 〜7

◆ 第1号基本金の組入れ

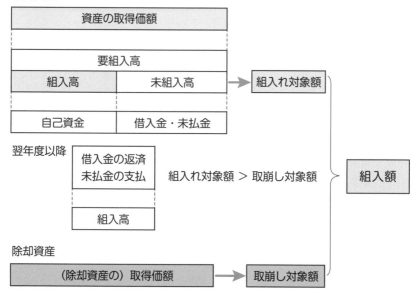

もし、組入れ対象額 < 取崩し対象額 なら

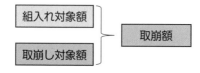

第18章 基本金

◆ 基本金明細表のイメージ

事項	要組入高	組入高	未組入高	摘要
第1号基本金 前期繰越高 当期組入高 ○○○				

18-6　基本金の組入れ③

●第2号基本金は将来の第1号基本金

　第2号基本金は、将来の第1号基本金の対象となる資産を取得する計画があるときに、その取得の原資となるものです。第1号基本金対象資産を取得した年度において一度に基本金組入れを行うのではなく、事前に計画的に組入れを行うことにより事業活動収支の均衡を図っています。組入れにあたっては理事会の決定が必要であり、理事会決定に基づく計画表を作成し、計画表通りに基本金を組入れていく必要があります。

　所定様式の計画表は基本金明細表の付表となり、複数の将来計画がある場合には、右ページのような「第2号基本金の組入れに係る計画集計表」も作成する必要があります。計画に基づいて行う組入れですから、第1号基本金と異なり基本金明細表では「要組入高」「未組入高」はなく「組入高」のみです。また、組入れた額と同額の第2号基本金引当特定資産を必ず繰り入れることになります。

●基金としての第3号基本金

　第3号基本金は、奨学基金や研究基金、国際交流基金など、基金として継続的に保持し、運用する金銭その他の資産の額です。寄付者もしくは学校法人の意思により組入れられますが、第3号基本金の組入れについても理事会の決定が必要であり、第2号基本金と同様に計画表や計画集計表の作成が必要です。第3号基本金についても計画に基づいて行う組入れですから、基本金明細表で「要組入高」「未組入高」はありません。また、組入れた額と同額の第3号基本金引当特定資産を必ず繰り入れることになります。

◆ 第 2 号基本金のイメージ

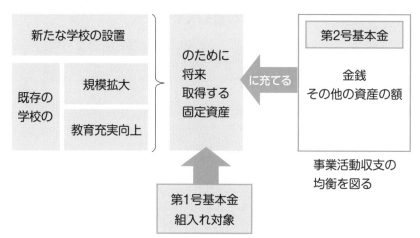

◆ 集計表のイメージ

第2号基本金の組入れに係る計画集計表

(単位　円)

番号	計画の名称	第2号基本金当期末残高

◆ 基本金と引当資産のイメージ

第2号基本金引当特定資産	⬌	第2号基本金

第3号基本金引当特定資産	⬌	第3号基本金

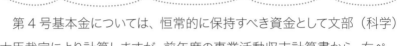

18-7　基本金の組入れ④

　第4号基本金については、恒常的に保持すべき資金として文部（科学）大臣裁定により計算しますが、前年度の事業活動収支計算書から、右ページの「計算対象」にあるような項目を用いて算出されます。

　単純に言うと、前年度の人件費、教育研究経費、管理経費、借入金等利息といった経常的経費の支出額の1か月分であり、学校法人がその運営を行うために必要となる運転資金相当の額です。この額については、学校法人全体で計算するのが一般的ですが、会計単位及び資金が部門別に独立している場合は部門別に計算することもできます。

●組入れの場合も取崩しの場合もある

　右ページの「計算式」に従い計算し、計算額と前年度の第4号基本金の額とを比較します。当年度の額が80％未満なら差額を取崩します。80％以上100％以下なら前年度のままです。100％超120％以下の場合は、原則は当年度の計算額まで組入れですが、前年度の基本金の額のままとすることも認められます。120％超なら当年度の計算額まで組入れます。

　なお、この第4号基本金については基本金と同額以上の「相当する資金」を学校法人が所有しているか否かについて注記する必要があります。この場合の相当する資金とは、①現金預金、②現金預金に類する金融商品で支払資金としての機能をもち支払資金と同様に用いているもの、③第4号基本金に対応する名称を付した特定資産です。

CHECK

★文部大臣裁定▶文高法第224号「学校法人会計基準第30条第1項第4号に規定する恒常的に保持すべき資金の額について」

◆ 第4号基本金のイメージ

| 第4号基本金に結びついた資産が必ずあるわけではない | → | 現金預金等 | ⬌ | 第4号基本金 |

◆ 第4号基本金の計算対象

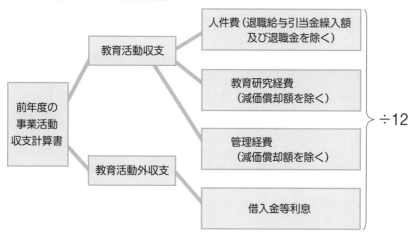

前年度の事業活動収支計算書
- 教育活動収支
  - 人件費（退職給与引当金繰入額及び退職金を除く）
  - 教育研究経費（減価償却額を除く）
- 教育活動外収支
  - 管理経費（減価償却額を除く）
  - 借入金等利息

÷12

◆ 第4号基本金の組入れと取崩し

計算式：当年度の計算額÷前年度4号基本金＝A

	A＜80%	80%≦A≦100%	100%＜A≦120%	120%＜A
前年度第4号基本金	100			
当年度の計算額	70	90	110	125
当年度第4号基本金	当年度の額 70	前年度の額 100	原則・当年度110、特例・前年度100	当年度の額 125

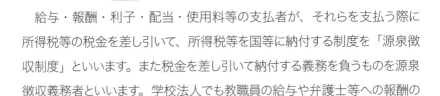

19-1　源泉所得税を間違えやすい

　給与・報酬・利子・配当・使用料等の支払者が、それらを支払う際に所得税等の税金を差し引いて、所得税等を国等に納付する制度を「源泉徴収制度」といいます。また税金を差し引いて納付する義務を負うものを源泉徴収義務者といいます。学校法人でも教職員の給与や弁護士等への報酬の支払があり、源泉徴収を行っています。

　この場合の仕訳は **9-4** を参照してください。

●税務調査でみられるポイント

　学校法人に対する税務調査でよくあるのがこの源泉所得税の調査です。法人内では、「お車代」等の名称で支出しているが源泉徴収が必要な報酬に該当するものがないか、永年勤続で金銭及び金券を支出している場合源泉徴収しているか、旅行券の場合旅行実績を管理しているか、といった点をみます。また、支払先が法人であれば報酬に対する源泉徴収は不要ですが、相手方からの請求書には源泉徴収不要の記載となっていても実際には源泉徴収が必要な個人に対する支払ではないか、などです。

　他には、定額を支給し領収書等の提出による精算をしない「渡切研究費」については給与として扱われるため源泉徴収が必要となります。

　なお、皆さんの銀行預金の利子には源泉所得税が課税され、その税金が控除されています。しかし、学校法人が受け取る利子・配当等については源泉所得税を課さないことになっています。

CHECK

★利子・配当等の非課税 ▶所得税法 11 条
★永年勤続者の記念品等 ▶所得税基本通達 36-21

◆ 学校法人に関連する源泉徴収の主なもの

支払者	支払を受ける者	源泉徴収の対象とされている所得の種類と範囲	
金融機関等	学校法人	1 利子等	学校法人は非課税のため源泉徴収されません
		2 配当等	
学校法人	居住者 (国内に住所を有する個人又は現在まで引き続いて1年以上居所を有する個人をいいます。(所法2①三))	3 給与等	俸給、給料、賃金、歳費、賞与その他これらの性質を有するもの（所法28、183）
		4 退職手当等	退職手当、一時恩給その他これらの性質を有するもの（所法30、31、199、措法29の4）
		5 公的年金等	恩給（一時恩給を除きます）及び過去の勤務に基づき使用者であった者から支給される年金など（所法35③、203の2）
		6 報酬・料金等 「3 給与等」又は「4退職手当等」に該当するものを除きます。	次に掲げる報酬・料金、契約金、賞金等（所法204、所令320、措法41の20） ⑴ 原稿料、デザイン料、講演料、放送謝金、工業所有権の使用料、技芸・スポーツ・知識等の教授・指導料など ⑵ 弁護士、公認会計士、税理士等の報酬・料金
	非居住者 (居住者以外の個人をいいます。(所法2①五)) 及び外国法人 (内国法人以外の法人をいいます。(所法2①七))	1 次に掲げる国内源泉所得（所法161①四〜十六、212①②⑤、措法9の3の2①、37の11の6⑥、41の22） ⑶ 国内において人的役務の提供事業を行う者が受けるその役務提供の対価 ⑻ 国内において業務を行う者から受けるその国内業務に係る工業所有権、著作権等の使用料若しくは譲渡による対価又は機械、装置等の使用料 ⑼ ①給与その他人的役務の提供に対する報酬のうち、国内において行う勤務等に基因するもの、③退職手当等のうち受給者が居住者であった期間に行った勤務等に基因するもの（非居住者のみ）	

（注）標題番号は国税庁「源泉徴収のあらまし」より

 法人税を払う場合もある

　非営利法人である学校法人の本来の教育・研究活動から生じる収益（収支差額）については、原則法人税は課されません。しかし、法人税法に規定される34業種で法人税法上の収益事業（**12-2**図解参照）に該当する事業において発生した収益については法人税の課税対象となります。一般の会社等が行う事業と変わらないようなものについて、あえて学校法人を優遇する必要はないからです。

●3つの要件を満たせば収益事業

　法人税法上の収益事業に該当するか否かの判定は、①34業種に該当している（ただし、特定の例外あり）、②事業場を設けて行われるもの、③継続して行われるもの、の要件を満たすか否かです。

　このうち、「事業場を設けて」とは、常時店舗、事務所等事業活動の拠点となる一定の場所を設けてその事業を行うもののほか、必要に応じて随時その事業活動のための場所を設け、または既存の施設を利用してその事業活動を行うものが含まれる、とされています。

　「継続」とは、各事業年度の全期間を通じて継続して事業活動を行うもののほか、たとえ1回限りであっても全集または事典の出版等のように、通常ひとつの事業計画に基づく事業の遂行に相当期間を要するものも含まれます。一方で、特定の要件を満たせば非課税となる特例もありますので通達等を確認し、収益事業に該当するか否かを判定する必要があります。なお幼稚園の特例については**19-4**図を参照してください。

CHECK
　★内国公益法人等の非収益事業所得等の非課税▶法人税法7条
　★公益法人等及び人格のない社団等の収益事業課税▶法人税基本通達第15章

◆ 34 業種の説明

① 物品販売業（学校法人等が行う教科書その他これに類する教材以外の出版物の販売は、物品販売業に該当する）
② 不動産販売業
③ 金銭貸付業
④ 物品貸付業
⑤ 不動産貸付業
⑥ 製造業
⑦ 通信業
⑧ 運送業
⑨ 倉庫業
⑩ 請負業（私立大学が受託研究等を行う場合で一定の要件を満たす場合は除く）
⑪ 印刷業
⑫ 出版業（特定の資格を有するものを会員とする法人が会報その他これに準ずる出版物を主として会員に配布するために行うもの及び学術、慈善その他の公益を目的とする法人がその目的を達成するため会報を専らその会員に配布するために行うものを除く）
⑬ 写真業
⑭ 席貸業のうち、①不特定又は多数の者の娯楽、遊興又は慰安の用に供するための席貸業及び②それ以外の席貸業（ただし、②から学校法人等がその主たる目的とする業務に関連して行う席貸業を除く）

⑮ 旅館業
⑯ 料理店業その他の飲食店業
⑰ 周旋業
⑱ 代理業
⑲ 仲立業
⑳ 問屋業
㉑ 鉱業
㉒ 土石採取業
㉓ 浴場業
㉔ 理容業
㉕ 美容業
㉖ 興行業
㉗ 遊技所業
㉘ 遊覧所業
㉙ 医療保健業（学校法人が行うものを除く。）
㉚ 技芸教授業（特掲されている22種類（※）が対象。学校教育法に規定する学校、専修学校、各種学校において行われるもので一定の条件を満たすもの等を除く）
㉛ 駐車場業
㉜ 信用保証業
㉝ 無体財産権の譲渡又は提供を行う事業
㉞ 労働者派遣業

※技芸教授業の22種類
　①洋裁、②和裁、③着物着付け、④編物、⑤手芸、⑥料理、⑦理容、⑧美容、⑨茶道、⑩生花、⑪演劇、⑫演芸、⑬舞踊、⑭舞踏、⑮音楽、⑯絵画、⑰書道、⑱写真、⑲工芸、⑳デザイン（レタリングを含む）、㉑自動車操縦、㉒小型船舶の操縦

19-3　消費税の取り扱い

　消費税は、国内において事業者が事業として対価を得て行う資産の譲渡、資産の貸付け及び役務の提供に対して課税されるものです。外国から商品を輸入する場合も輸入のときに課税されます。ただし、消費税の性格や社会政策的な配慮から非課税としたものもあり、「一定の学校の授業料、入学金、入学検定料、施設設備費など」もそのひとつです。学納金は原則非課税として取り扱われています。一方、商品の輸出など消費税が免除されるのを免税取引といいます。また、国外取引、対価を得ない寄附等は課税取引の要件をみたさないため不課税取引といいます。

●特例があってややこしい学校法人

　その課税期間（事業年度）の基準期間（前々事業年度）における課税売上高が 1,000 万円を超える事業者は、消費税の納税義務者（課税事業者）となります。逆に 1,000 万円以下であれば原則として納税義務はありません。

　消費税の計算は、「課税期間中の課税売上げに係る消費税額－課税期間中の課税仕入れ等に係る消費税額＝消費税額」として計算（一般課税）しますが、基準期間の課税売上高が 5,000 万円以下の学校法人は「みなし仕入率」を用いる簡易課税制度を選択することができます。

　学校法人の場合は、補助金や寄付金等対価性のない収入の割合が大きく「特定収入」に該当する場合も多いため、原則通り一般課税で計算する場合は、特定収入割合等の特例についての注意が必要です。

CHECK

　★非課税 ▶消費税法 6 条、別表第一
　★学校教育関係の非課税範囲 ▶消費税法基本通達第 6 章第 11 節

◆ 学校法人における消費税

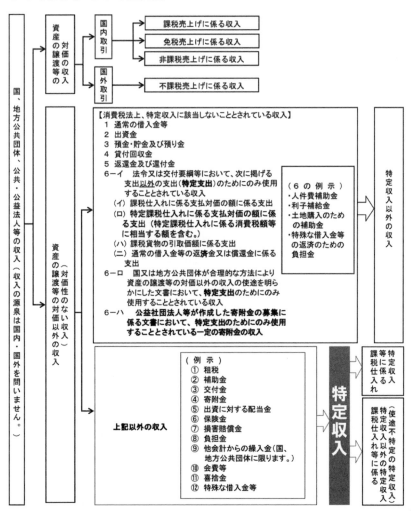

（出典）国税庁パンフレット「国、地方公共団体や公共・公益法人等と消費税」
　　　　（令和2年6月）をもとに一部加工して作成

19-4 その他の税金

　法人住民税については、法人税法上の収益事業を行う場合のみ課されますが、所得の金額の 100 分の 90 以上の金額を当該学校法人の学校の経営に充てているものについては非課税となります。なお、法人事業税、地方法人特別税、事業所税についても法人税法上の収益事業を行う場合のみ課されます。

　固定資産税、不動産取得税については、学校法人（①②については準学校法人を含む）が設置する①学校において直接保育または教育の用に供する固定資産、②寄宿舎で学校または専修学校にかかるものにおいて直接その用に供する不動産、③認定こども園の用に供する不動産については非課税となります。

●登録免許税では所轄庁の証明書必要

　登録免許税については、校舎等、校舎等の敷地などの所有権の取得登記について、所轄庁発行の使用証明書の添付により非課税となります。

　印紙税については、学校法人は営業を目的としないため学校法人の作成する領収書について印紙税の非課税措置があります。ただし、学校法人は印紙税法上の非課税法人ではないため請負契約等の課税文書に係る印紙は必要です。

CHECK

★法人住民税▶地方税法施行令 7 条の 4
★固定資産税▶地方税法 348 条 2 項 9 号、10 号の 4
★不動産取得税▶地方税法 73 条の 4・1 項 3 号、4 号の 4
★登録免許税▶登録免許税法 4 条 2 号、別表第三
★印紙税▶印紙税法別表第一　課税物件表第 17 号文書の非課税物件欄 2

◆ 幼稚園が行う各種事業の収益事業の判定

事業内容	収益事業・非収益事業 区分の判定	備考
1 絵本・ワークブックの 頒布	非収益事業	法人税基本通達15−1−10《宗教法人、学校法人等の物品販売》の (2) の「教科書その他これに類する教材」の販売に該当し、非収益事業となる。
2 次のような物品の頒布 及びあっせん (1) はさみ、のり、粘土、 粘土板、へら等の工 作道具 (2) 自由画帳、クレヨン 等の絵画製作用具 及びノート、筆記用 具等の文房具 (3) ハーモニカ、カスタ ネット等の楽器 (4) 道具箱 (5) 制服、制帽、スモック、 体操着、上靴	収益事業。ただし、物品の頒布のうち原価 (又は原価に所要の経費をプラスした程度の価格) によることが明らかなものは非収益事業	法人税基本通達15−1−10《宗教法人、学校法人等の物品販売》の (3) 及び (4) により収益事業となるが、原価による物品の頒布は、非収益事業とすることができる。
3 園児のうち希望者を 対象として行う音楽 教室のための教室等 の席貸し	非収益事業	法人税法施行令第5条第1項第14号《席貸業》のかっこ書により非収益事業となる。
4 園児に対し課外授業 として実施する音楽 教室の開設	収益事業	法人税法施行令第5条第1項第30号《技芸教授業》により収益事業となる。
5 スクールバスの運行	非収益事業	教育事業そのものに含まれるものであり非収益事業となる。
6 給食	非収益事業	学校給食法等の規定に基づいて行う学校給食の事業に準ずるものであり非収益事業となる。
7 収益事業となる事業であっても、当該事業がその幼稚園の園児 (その関係者を含む。) を対象とするもので実費弁償方式によっていると認められるものについては、法人税基本通達15−1−28《実費弁償による事務処理の受託等》と同様、税務署長の確認を条件として非収益事業とすることができる。		

(出典) 国税庁　昭和58年6月3日直法2-7

第19章　学校法人は税金を払わない!?

◆ 著者紹介

岡部 雅人（おかべ まさひと）

1962年青森県生まれ、公認会計士・税理士。岡部公認会計士事務所所長として、様々な学校法人の監査、会計・税務顧問、決算支援や財務分析等のコンサルティング業務に従事している。

これまで、日本公認会計士協会学校法人委員会副委員長、会計検討専門委員長、知事所轄学校法人監査対応専門委員長、同東京会学校法人委員会委員長等を務める。

編集委員としての執筆に『学校法人会計Q&A（2016年版）』（公益財団法人東京都私学財団、平成29年3月）、『学校法人税務の取扱いQ&A』（日本公認会計士協会出版局、平成28年3月）。

　岡部公認会計士事務所　学校法人監査ホームページ：
　https://www.gakkou-kansa.com/

図解でわかる
はじめての学校法人会計

2020年9月4日　初版発行
2024年7月5日　第5刷発行

著　者　　岡部 雅人 ©

発行者　　小泉 定裕

発行所　　株式会社 清文社

東京都文京区小石川1丁目3−25（小石川大国ビル）
〒112−0002　電話 03（4332）1375　FAX 03（4332）1376
大阪市北区天神橋2丁目北2−6（大和南森町ビル）
〒530−0041　電話 06（6135）4050　FAX 06（6135）4059
URL https://www.skattsei.co.jp/

印刷：亜細亜印刷㈱

ISBN978-4-433-76220-9